물류와 AI

AI문고

인공지능 시대입니다. 기계가 인간의 인지를 대신하고, 사물이 인간을 통하지 않고 다른 사물과 직접 커뮤니케이션합니다. 이에 따른 인간 삶과 문명 변화를 정확히 이해·예측·대응하는 것은 이 시대 우리 모두의 과제입니다. AI문고는 인공지능 기술과 환경의 여러 주제를 10가지 키워드로 정리합니다. 관련 개념과 이론, 학계와 산업계의 쟁점, 우리 일상의 변화를 다룹니다. 인간과 기술의 현재, 미래를 세심히 분석합니다.

일러두기

- 인명, 작품명, 저서명, 개념어 등은 한글과 함께 괄호 안에 해당 국가의 원어를 병기했습니다.
- 외래어 표기는 현행 어문규정의 외래어표기법을 따랐습니다.

처음이세요?

전문가세요?

물류와 AI

박건수

대한민국, 서울, 커뮤니케이션북스, 2025

물류와 AI

지은이 박건수
펴낸이 박영률

초판 1쇄 펴낸날 2025년 3월 27일

커뮤니케이션북스(주)
출판 등록 2007년 8월 17일 제313-2007-000166호
02880 서울시 성북구 성북로 5-11
전화(02) 7474 001, 팩스(02) 736 5047
commbooks@commbooks.com
www.commbooks.com

ISBN 979-11-7307-769-2 03500

책값은 뒤표지에 표시되어 있습니다.

차례

AI 기술로 비약하는 물류 산업

AI(Artificial Intelligence)는 "인간의 지능을 모방하거나 이를 확장하는 컴퓨터 시스템 또는 기계의 능력을 의미하며, 이를 통해 학습, 추론, 문제 해결, 언어 이해, 시각 인식, 의사 결정 등의 작업을 수행할 수 있는 것"으로 정의된다. 이는 AI 기반 챗지피티(ChatGPT)가 스스로에 대해 설명한 문구다. 이 정의에서 핵심적인 것은 인공지능이 그 단어의 뜻과 같이 인간의 지능을 모방했다는 것이며, 인간의 지능 중 특히 인간의 학습과 추론을 수행하는 것을 의미한다. 바로 이 학습과 추론이 기존의 문제 해결 방법들과 인공지능을 가르는 중요한 차이점이다.

인공지능이 아니어도 우리는 얼마든지 복잡한 문제 해결 기법들을 생각할 수 있다. 이제까지 우리는 인공지능 없이 인간의 지능에 기반해 다양한 상황별로 어떤 의사 결정이 효율적인지 규칙을 찾아왔다. 수학, 통계학, 산업 공학, 컴퓨터 공학 등의 학문에서 발전해 온 최적화 기술들은 다양한 상황에서 우리가 보편적으로 적용할 수 있는 규칙들을 찾아왔으며, 이는 인공지능과 같은 데이터나 학습이 없이도 문제 해결에 큰 기여를 해 왔다.

예를 들어, 물류 산업에서 중요한 문제 중 하나인 경로 최적화는 여러 제품들이 모여 있는 물류 창고에서 다양한 고객의 배송지로 제품들을 배송하는 트럭이 어떤 순서로 고객의 배송지에 들러야 하는지를 도출하는 것이다. 배송 최적화 문제는 주로 각 고객 배송지 사이의 거리나 교통 혼잡 패턴을 고려해 가장 짧은 시간 동안 배송을 마치는 것을 목표로 한다. 전통적으로 이러한 문제는 조합 최적화(combinatorial optimization) 또는 정수 최적화(integer programming) 알고리즘들을 사용해 배송 순서를 도출해 왔다. 또한 특정 배송지로 가는 여러 경로 중 최소 시간 또는 최소 거리를 소요하는 경로의 계산은 다익스트라(Dijkstra) 알고리즘이 널리 사용되고 있다. 이는 우리가 내비게이션 앱을 실행했을 때 순식간에 우리가 가는 목적지까지의 최적 경로를 계산하는 데도 사용되는 대표적 알고리즘 중 하나다.

물류 산업에서 우리가 주로 접하게 되는 복잡한 문제들도 이와 비슷하게 이미 오랜 세월 동안 최적화나 경험에 기반한 다양한 해결 방법들이 개발되어 왔으며, 이들이 거둔 성과 덕분에 오늘날 우리가 누리는 다양한 물류 서비스들의 대부분에서 효율적인 의사 결정을 할 수 있었다.

하지만 이러한 접근법의 문제는 배송해야 하는 제품의 수, 고객 배송지 수, 그리고 배송 트럭의 수가 증가해 문제의 규모가 커지면 연산 시간이 비약적으로 늘어난다는 것이다. 예를 들어, 제품 수와 배송지, 그리고 배송 트럭의 수가 모두 두 배가 되는 경우 전체 연산 숫자는 2 × 2 × 2 = 8배가 아니라 8000배 또는 80000배와 같이 순식간에 크게(보다 정확히는 지수적으로) 늘어나게 되어 기존 접근법으로 해결이 점점 어려워진다.

인공지능이 가지고 있는 학습과 추론 능력은 최근 급격히 늘어나고 있는 데이터와 급격하게 발전하고 있는 컴퓨팅 능력이 결합하면서 지금까지 보지 못한 강력한 문제 해결 능력을 제공해 주고 있어, 물류 산업에서 다루는 큰 규모의 문제들을 해결할 수 있는 대안으로 부상하고 있다. 더욱 중요한 것은 처음에는 성능이 떨어져 보일지라도 마치 인간처럼 AI 기술들은 학습을 수행해 데이터를 더 많이 공급할수록 더욱 좋은 성능을 보인다는 것이다. 즉, 한번 계산하면 더 이상 의사 결정의 개선이 이루어지지 않는 기존의 접근법과는 달리, 인공지능 기술은 새로운 데이터를 가지고 학습을 시키면 기존에 기억한 가장 적절한 의사 결정보다 더 나은 것이 있을 때 기존의 방식을 스스로 개선해 나갈 수 있다. 이러한 AI 기술의 특징은 수많은 데이터가 수집될 수 있고 그 규모가 나날이 커져 가고 있는 물류 산업의 특성과 잘 맞아떨어지면서 물류 산업을 AI를 가장 활발하고 적극적으로 활용하는 산업으로 만들고 있다.

인공지능 기반 기술들이 가진 또 하나의 장점은 마치 인간의 학습과 같이 일단 학습을 완료하면 추가로 큰 컴퓨팅 자원이 필요하지 않다는 것이다. 즉, 매번 새로운 상황에서 최적의 의사 결정을 위해 연산을 수행할 필요가 없이 일단 학습한 알고리즘은 스스로 지금까지 학습한 과정 중 최선의 결정을 찾아낸다. 물론, 초기 학습에는 많은 데이터와 연산 작업이 필요하지만, 실제 기술을 사용하는 도중에는 많은 연산이 필요하지 않다는 큰 장점도 가지고 있다. 따라서 초기에 필요한 학습 속도를 높이고, 한정된 데이터를 활용해 좋은 학습 결과를 보이도록 다양한 인공지능 기술과 기법들이 개발되고 있다.

물류 산업과 AI 기법의 시너지

그럼 물류 산업의 어떤 점들이 AI 기법을 활용하기 적절한 환경을 만들고 있는가? 첫째로 물류 산업은 수많은 제품들이 다양한 공급처를 출발해 다양한 중간 창고들

및 운송 수단을 거쳐 각기 다른 위치에 있는 고객에게 최종 배송하는 역할을 담당한다. 따라서 그 특성상 물류 산업에서는 제품과 이동 수단, 고객에 대한 수많은 데이터들을 확보할 수 있다. 예를 들어, 각 트럭이 물류 창고에서 고객에게 배송되기까지 이동한 거리, 이동한 시간, 그리고 각 제품의 크기, 부피 등이 모두 기록될 수 있으며, 나아가 신선 식품의 경우 제품의 온도, 습도 등도 기록이 가능하다. 또한 어떤 공급자가 어떤 제품을 생산해 어떤 운송 수단을 통해 제품을 물류 창고로 운송했으며, 물류 창고의 어느 곳에 제품이 저장되었고, 언제 어느 트럭을 거쳐서 반출했으며, 언제 최종 고객에게 전달되었는가에 대한 다양한 데이터들이 축적되어 있다.

그동안 이런 데이터는 그 양도 너무나 방대하고, 범위도 넓어서 하나의 시스템으로 분석한다는 것이 거의 불가능했다. 따라서 개별 공급사의 의사 결정과 중간 운송 기업의 의사 결정, 물류 창고의 의사 결정, 최종 운송 기업의 의사 결정은 모두 단절적으로 따로 분석해야 했고, 협업을 설계하기도 무척 어려웠다. 그러나 이제 AI 기술의 발달에 힘입어, 방대한 데이터들을 넣어서 의사 결정을 개선해 나가는, 즉 좋은 의사 결정을 학습해 나가는 AI를 이용한 방식의 연구들이 가능해졌고, 상당히 좋은 성과를 나타내고 있다.

이 책의 주제와 범위

본서에서는 최근의 AI 기술들이 물류 산업을 어떻게 새롭게 재편하고 있고, 어떤 새로운 분석들이 흥미로운 결과를 도출해 우리의 물류 산업을 변화시키고 있는가에 주목하고자 한다. 특히, 물류 산업에 크게 영향을 끼친 10가지의 AI 세부 기능들을 선정해 각 기술들이 물류 산업의 어떤 측면에서 변화를 일으키고 있는가를 전달하고자 했다. 즉, 세부적인 인공지능 기술에 집중하기 보다는 어떤 종류의 인공지능 기술이 사용되고 있는지에 대한 개요를 소개하고, 이 기술이 물류 산업에서 구체적으로 어떤 방식으로 새로운 서비스를 제공하거나 앞으로 우리의 일상을 바꿀 수 있는가에 보다 집중해 기술했다.

이를 위해 각 세부 주제별로 AI 기법이 활용되는 모습을 기술하고, 앞으로 어떤 방향으로 이 기술들이 발전해 우리에게 새로운 물류 서비스를 보여 줄 것인가에 대해 논의했다. 세부 주제들은 공장부터 물류 창고, 음식 배달, 골목길에서의 이동 등 우리 주변 또는 생산 현장 등 다양한 장소에서 물류 서비스에 활용되는 AI 기술들을 다루고 있다. 단지 물리적인 제품의 이동뿐 아니라 3D 프린터 등을 통한 정보의 이동까지도 폭넓게 다루고 있다. 또한 수요 예측이나 자율 주행과 같이 어쩌면 물류와 직접적으로 관련이 없을 것같이 보이는 기술들이 어떻게 물류 서비스와 밀접하게 연관되어 있는지도 설명하고자 했다. 특히, 대부분 우리 실생활에 이미 활용되고 있는 물류 관련 서비스들을 중심으로 주제를 선정해 우리가 친숙한 서비스들에 숨어 있는 물류 AI 기술들을 이해하고, 이들의 발전이 세상을 어떻게 바꾸고 있는가를 기술했기 때문에 쉽게 읽어 갈 수 있을 것으로 기대한다.

이 책의 세부 주제

첫째 주제인 차량 배송 경로를 최적화하는 AI에서는 쿠팡이나 마켓컬리와 같은 온라인 쇼핑몰과 CJ 대한통운과 같은 택배 회사들이 수많은 차량을 운행하면서 고객들에게 빠른 속도로 원하는 제품을 전해 주는 기술들을 소개한다. 특히, 이미 우리 실생활에 깊이 스며들어 없어서는 안 되는 내비게이션 기술을 확장해 여러 고객에게 가장 빠르고 효율적으로 제품을 전달할 수 있는 경로 최적화 기술들을 소개하고, 이러한 접근법들의 한계도 설명한다. 오늘날 하루에도 수백만 또는 수천만 개의 고객 주문을 처리해 물류 창고에서 각 배송 트럭으로 제품을 분류하고, 배송 트럭이 각 고객의 배송지로 제품을 배달하는 경로를 최적화하기 위해서는 전통적 최적화 기반 접근법만으로는 어려움이 있다. 따라서 AI 기술이 결합되면서 데이터와 학습 기반의 최적 배송 경로 계산 방법들이 어떻게 활용되고 있는지 알아보았다.

둘째 주제 또한 우리의 실생활과 매우 밀접한 것으로 쿠팡이나 SSG, 마켓컬리 등 다양한 기업이 제공하는 신선 식품의 당일 또는 새벽 배송과 관련한 물류 AI 기술들을 소개했다. 다양한 신선 식품을 각 고객의 집까지 빠르고 신속하게 배송하고, 제품을 확보해 놓는 데 사용되는 콜드 체인 물류 기술과 여기에 적용되는 AI 기반 기술들을 설명했다. 신선 식품은 특히 시간과 온도의 변화에 민감하기 때문에 같은 제품이라도 환경의 변화에 따라 제품의 품질이 크게 달라질 수 있다. 따라서 제품이 운송되는 창고와 배송 트럭 곳곳의 온도나 습도를 측정해 제품 보관에 적절한 상태인지 파악하고 있다. AI 기술은 여기에 더해서, 제품들이 특정 시간 및 온도에서 어떤 품질로 변할 것인지를 예측해 우리가 최적의 온도와 습도 등을 결정할 수 있도록 해 준다. 또한 신선 식품 배송에 핵심적인 적절한 수량의 제품 확보에 주목해 AI 기술과 데이터가 결합되어 어떻게 제품의 품절이나 과대 재고를 줄일 수 있는가를 설명하고자 했다.

셋째 주제는 당일 배송 또는 새벽 배송 서비스와 밀접하게 연관된 물류 창고의 입지 선정과 관련한 AI 기술이다. 물류 창고의 크기나 위치는 당일 배송이나 새벽 배송 등을 위한 빠른 물류 배송을 위해 매우 중요하면서도 주변의 교통망과 각종 규제들을 고려해야 하는 복잡한 업무이고, 방대한 부지 후보들을 검토해야 하는 작업이다. 따라서 최적의 입지를 선정하기 위해 고려해야 하는 요소들과 이들 사이의 복잡한 연관 관계를 파악해야 했다. 하지만 최근에는 이처럼 문제 자체의 복잡한 상관관계를 이해하는 대신 인풋(input)-아웃풋(output)과 같이 행동과 그 결과를 학습하고 개선해 나가는 AI 기술들을 도입하고 있다. 이를 통해 물류 창고를 구축할 수 있는 대상 부지들을 신속하게 파악할 수 있을 뿐만 아니라 AI 기술들을 활용한 미래 수요 예측을 기반으로 가장 적절한 규모도 동시에 결정할 수 있도록 발전하고 있어 그 발전 방향을 주목할 필요가 있다.

넷째 주제는 입지 선정에 큰 영향을 미치기도 하는 고객 수요와 트렌드를 예측하는 AI 기술들을 다루었다. 물류 센터는 일단 한번 구축하면 수년간 운영해야 하므로 현재뿐 아니라 미래의 수요 예측을 통한 위치 및 규모 선정이 꼭 필요하다. 뿐만 아니라, 당일 또는 새벽 배송을 원활히 운영하기 위해서도 고객이 원하는 제품의 종류와 수량을 미리 예측해 구매해 놓는 작업이 꼭 필요하다. 오늘날 AI 기법이 없는 수요 예측 기법은 생각하기 어려울 정도로 수요 예측 분야는 머신러닝 기반의 AI 기술들을 적극적으로 도입해 큰 성과를 보이고 있는 영역이며, 일반 사용자들도 쉽게 사용할 수 있도록 편리한 도구들도 개발되고 있는 영역이기도 하다.

다섯째 주제는 물류 창고나 공장이 구축되고 난 후 실제 운영 현장에서 날로 확산되고 있는 물류 로봇에 대해 설명한다. 특히, 수많은 물류 로봇들을 충돌이나 정체 없이 운행하기 위한 운영 기술에 활용되는 AI 기술들을 알아보았다. 운송 로봇들을 정체 없이 신속하게 운영하는 것은 적시 생산뿐만 아니라 전체 생산 속도도 높일 수 있는 중요한 요소다. 최근 생산 현장에 스마트 팩토리 기법들이 적용되면서 빨라진 생산 속도와 늘어난 생산 계획의 범위에 맞추기 위해 공장 내 물류 이동에 물류 로봇을 더욱 활발히 도입하고 있다. 이 분야는 또한 AI 기술 기반의 다양한 스타트업 회사들이 활발하게 활약하고 있는 영역이기도 하다.

여섯째 주제는 우리의 실생활에도 큰 영향을 끼치고 관심도 큰 자율 주행 AI 기술이 물류 산업에 가져올 변화에 대해 알아보았다. 자율 주행 자동차는 우리가 평상시 운전하는 차량뿐 아니라, 승객을 태우고 이동하는 택시와 화물을 운송하는 트럭까지 물류 전반에 큰 변화를 가지고 올 것이다. 따라서 현재의 기술 수준 개요와 함께 가까운 시기에 맞이할 수 있는 새로운 AI 기반 기술과 서비스를 설명하고자 했다. 특히, 현재 자율 주행 택시 서비스나 트럭의 군집 주행 등 시범 서비스가 이루어지고 있는 부분을 중심으로 인공 AI 기술이 가까운 미래에 우리 주변의 트럭 물류 등에 가져올 실현 가능한 변화들을 살펴본다.

일곱째 주제는 물류 산업의 경계를 더욱 확장해 물리적인 제품의 운송뿐만 아니라 정보의 이동까지 포함하는 물류 산업을 다루고자 했다. 구체적으로 3D 프린터를 통해 제품 자체의 이동이 아닌 제품 제조 정보의 이동을 통한 차량 부품의 조달과 정비 등에 대해 알아보고 그 미래를 조망해 보았다. 3D 프린터는 도입이 확산된다면 제품의 물리적 이동뿐 아니라 인터넷을 통한 가상 이동을 가능하게 해 물류 서비스에 큰 변화를 줄 수 있다. 뿐만 아니라, 우리의 일상생활도 물리적인 상품의 이동과 함께 가상 공간을 통한 정보의 이동으로 인한 새로운 물류 체계가 등장할 수 있어서 파급력도 매우 크다. 따라서 버추얼 물류 서비스가 가져올 미래에 대비하거나 이를 주도할 독자들을 위해 관련 동향을 소개했다.

여덟째 주제로는 최근 코로나 등을 통해 우리가 겪은 마스크 대란, 의약품 대란 등을 통해 공급망의 위험을 관리할 필요성을 설명했다. 중국발 요소수 사태나 일본의 반도체 핵심 소재 수출 규제 등은 뉴스에서도 많이 나올 뿐 아니라 우리의 실생활에도 큰 영향을 끼치는 사건들이었다. 특히 기업들에게 공급망에서 발생하는 위험들은 생존과도 직결된 중요한 문제이기도 하다. 따라서 많은 기업들이 공급망 위험 관리에 적극적으로 투자를 서두르고 있다. 그리고 이러한 투자에는 AI 기술들이 많이 포함되어 있다. 본 장에서는 효과적인 공급망 위험 관리를 위한 AI 기술들을 소개했다. 특히, 수많은 기업이 복잡하게 연결되어 있는 공급망의 정교한 위험 관리를 위해 정량적으로 접근하는 재고 관리 기술의 필요성을 알아보고, 그 개요를 소개했다.

아홉째 주제 또한 이제 우리의 실생활에 널리 사용되는 온라인 음식 배달 플랫폼들이 원활한 서비스 제공과 효율적 관리를 위해 사용하는 AI 기술들을 알아보았다.

이 기술들은 미래에 사용될 것이 아니라 이미 실용화되어 널리 활용되는 기술들이며, 향후 데이터가 확보되면서 더욱 강력해질 것으로 기대되는 기술들이다. 음식 배달 플랫폼은 더욱 많은 고객들의 주문을 받기 위해 적절히 낮은 수준의 배송료를 책정해야 하며, 동시에 많은 배달원들을 확보하기 위해 충분히 높은 수준의 배달 수당도 책정해야 하는 어려움을 가지고 있다. 특히, 음식 배달 고객의 주문과 배달 가능한 배달원의 수는 시간과 날씨 등의 환경에 극심한 변화를 보이기 때문에 배달료와 배달 수당은 모두 실시간으로 변동시키며 음식 배달을 정해진 시간 안에 완료할 필요도 있다. 본 장에서는 이러한 어려움들을 AI 기술들이 어떻게 해결해 줄 수 있는가를 알아보고, 또한 AI 기술의 고도화를 위해 음식 배달 플랫폼들이 시장에서 어떻게 경쟁하고 있는가를 다룬다.

마지막으로 도심 곳곳에서 우리가 이동을 위해 사용하는 전동 킥보드 공유 서비스에 숨겨진 AI 기술들을 알아보았다. 전동 킥보드는 어디서나 사용 가능한 편리함을 제공하지만, 이 편리함을 제공하기 위해 전동 킥보드 서비스 기업은 킥보드를 수거하고 재충전하는 데 큰 어려움을 겪는다. 또한 기업이 운영하는 전동 킥보드의 대수가 늘어나면서 킥보드들을 이동시키고 배터리를 적절한 시간 내에 충전해 고객이 원하는 시간과 장소에 전동 킥보드가 준비될 수 있도록 하는 것이 점점 더 어려워지고 있다. 하지만 전동 킥보드를 운영하는 시간이 길어지면서 고객의 사용 데이터가 점점 축적되고 있기 때문에 많은 기업들은 이러한 데이터를 가장 효과적으로 활용할 수 있는 방법으로 AI 기반 운영 기술들에 눈을 돌리고 있다. 따라서 기업들이 사용하는 AI 기술을 이해하면서도, 동시에 시장이 어떤 방향으로 전개될 것인가에 대해 이해한다면, 전동 킥보드가 가져올 새로운 물류 서비스의 변화를 이해하고 이용할 수 있을 것이다 .

본서의 대상과 활용법

본서는 물류 산업이나 AI 기술 모두 자세히 알지는 못하지만 관심이나 흥미를 가지고 있는 일반인들이 쉽게 읽고 이해할 수 있도록 구성했다. 특히, AI 기술이 물류 산업을 바꾸는 방향과, 이를 토대로 우리의 실생활에 어떤 변화가 있을지를 상상해 볼 수 있도록 각 주제들을 선정했기 때문에 각 장을 읽으면서 한 번씩 생각을 해 보는 것을 추천한다.

또한 본서는 물류 산업 종사자에게 AI 기술의 발전 현황과 발전 방향에 대한 시사점을 전달하고자 했다. 각 주제별로 해당 산업에 종사하거나 익숙한 독자라면 어떤 AI 기술들이 사용되는지, 그리고 이 기술들의 장점은 무엇이고 어떤 새로운 서비스들이 나올 것인지에 대해 생각해 볼 수 있도록 구성했다.

마지막으로 AI 기술에 익숙한 독자들은 본서를 통해 자신이 가지고 있는 기술들이 물류 산업에 어떻게 활용되고 있으며, AI 기술 중 어떤 부분을 주로 활용하는지에 대해 기초적인 정보를 얻을 수 있도록 했다.

본서에서 다루는 주제들을 통해 우리 주변에서 물류 산업의 AI 기술들이 만들어 가고 있는 흥미로운 변화를 파악하고, 이러한 변화를 주도적으로 활용하는 주인공이 되기를 기대한다.

01
차량 배송 경로를 최적화하는 AI

새벽 배송, 샛별 배송, 로켓 배송 등 대한민국은 당일 온라인으로 주문한 제품들이 다음 날 아침에 문 앞에 배달되는 편리한 세상에 살고 있다. 이러한 신속 배송 시스템을 구축하기 위해서는 고객이 주문한 후 불과 여섯 시간 정도 안에 제품을 창고에서 꺼내 고객의 아파트나 주택 앞에 배송해야 한다. 수많은 고객의 다양한 주문을 모두 정확히 정해진 시간 안에 배송까지 완료하는 것은 쉽지 않다. 이러한 복잡성을 해결하기 위해 다양한 AI 기법들이 활발히 적용되고 있으며, 앞으로 최신 AI 기법이 가장 먼저 도입되는 산업이 될 것으로 기대된다.

AI와 1인 창업?

새벽 배송에 숨겨진 경로 최적화 AI

미국의 우체국인 UPS에서는 매일 배송 차량들이 수많은 고객에게 우편물을 배달한다. 이때 어떤 경로로 어떤 고객에게 먼저 배송하는가에 따라 전체 배송 시간은 크게 영향을 받는다. UPS의 배송 경로 최적화를 위해서 개발된 ORION 시스템은 머신 러닝 등의 AI 기법을 활용해 배송 우선순위, 예상 정지 시간, 교통 조건 등 다양한 요소를 고려해 최적 경로를 결정한다. 특히 중요한 것은 이 시스템이 운전자가 주는 피드백을 바탕으로 계속 최적 경로를 학습해 개선해 나간다는 것이다. UPS는 이 시스템 덕분에 연간 1억 마일 이상의 주행 거리를 절감한 것으로 예측하고 있으며, 덕분에 수천만 달러를 절감하고 있다(이민성, 2024). UPS의 사례는 배송 최적화 기술이 운전자의 피드백을 통해 더욱 최적화된 방식으로 학습하면서 개선이 이루어질 수 있음을 보여 준다. 이같이 스스로 더욱 나은 의사 결정을 이뤄 나가도록 학습하는 부분이 AI 기술의 핵심 원리다.

우리나라에서는 쿠팡, 마켓컬리, SSG 등 많은 온라인 플랫폼이 대표적인 배송 서비스를 제공하고 있다. 고객들은 저녁 11시나 12시 정도까지 고객이 주문하면 새벽까지 고객의 집 앞으로 배송을 완료한다. 대략 여섯 시간

내외의 시간 안에 이 기업들은 고객이 주문한 상품을 창고에서 담아서 포장하고, 각 배송 트럭에 실어 나르는 작업을 완료해야 한다. 이러한 서비스를 바탕으로 쿠팡은 2024년 월 회비를 내는 유료 가입자 1400만 명을 유치했다(이지영, 2024). 이런 엄청난 유료 가입자를 확보한 쿠팡이 다루는 상품의 숫자는 하루에도 수백만 건에서 수천만 건에 달하기 때문에 기존의 최적화 기법이 필요한 모든 경로를 계산하기는 어렵다. 따라서 쿠팡도 미국의 UPS에서 사용한 것과 비슷한 AI 기반의 배송 최적화 시스템을 활용하고 있다. AI 배송 시스템은 배송 대상 상품들의 주소지 리스트를 바탕으로 어떤 순서로 방문해야 최단 시간에 배달할 수 있는지를 알려 준다(김태성 · 박대의, 2021).

사실, 고객의 주소 리스트가 100개만 되더라도 방문 순서로 가능한 경우의 수는 무려 10의 157승에 달하기 때문에 하나씩 계산을 한다고 하면 거의 무한의 시간이 소요될 수밖에 없다. 따라서 우선 고객의 주소들을 가까운 곳들로 묶어서 작은 그룹을 만들고, 이 그룹들의 방문 순서를 정하는 방식으로 계산을 수행한다. 하지만 여전히 고객 주소지들 중 가까운 곳들의 범위가 어디까지이고, 전체 고객 주소지들을 몇 개의 그룹으로 분류해야 배송이 효과적인가를 미리 알 수가 없으므로 여전히 배송 최적화를 위해서는 많은 경우의 수와 실험이 필요할 수 밖에 없다. 따라서 가능한 모든 경우를 다 탐색하는 대신, 기존에 배송원이 수행한 배송 기록을 토대로 어떤 식의 고객 그룹화가 효과적인가를 역으로 추적하고 알아내는 방식이 훨씬 유용할 수 있다. 바로 이런 추적에 AI의 학습 기술을 쓰는 것이고, 운전자의 배송 기록이 AI 기술이 활용하는 데이터가 된다. 이러한 AI 기술이 기존 배송원의 know-how를 학습하게 되면 전혀 경험이 없는 배송원들도 마치 숙달된 배송원과 같이 배송 경로를 AI 기술로부터 받아서 운행할 수 있게 된다.

물류 창고와 고객을 연결하는 AI 기술

쿠팡과 같이 수많은 상품을 다루는 기업들은 고객을 원하는 상품을 넓은 창고 공간에서 빠르게 찾아 배송하는 것도 무척 어려운 일이며, 여기에도 배송 최적화 기술이 사용된다. 대부분의 온라인 상거래 기업들은 수도권 전역에 거대한 물류 창고들을 구축하고 있으며, 이들 중 어느 창고에서 어떤 상품을 어떤 경로로 꺼내서 배송 트럭에 담는가도 매우 방대한 문제가 된다. 이를 위해, 대부분의 기업은 창고 운영 및 창고 내의 배송 최적화를 위한

WMS(Warehouse Management System) 시스템을 구축하고 있다. 이 시스템은 전국에 위치한 배송지와 전국 각 물류 창고별 재고 현황을 파악해 주기 때문에 어떤 창고의 상품으로 고객에게 전달하는 것이 가장 효율적인지 정할 수 있도록 해 준다. 물론, 정보 시스템을 통해 정보를 파악한다고 이러한 작업이 효율적으로 이루어지는 것은 아니다. AI 기술은 물류 센터 안에서 수많은 어떤 작업자 또는 로봇들이 어떤 상품을 어떤 순서로 집을 것인지를 먼저 정하고, 이후 여러 상품을 어떤 크기의 상자에 담는 것이 유휴 공간을 줄일 것인지 판단한다. 마지막으로는 각 배송 차들이 수백 곳의 고객 중 어떤 순서로 어떻게 들러야 배송 시간을 단축할 수 있는지를 계산하는 AI 기술이 적용된다.

물류 배송에 담긴 AI 기술의 발전

하지만 새벽 배송을 제공하는 기업 중 유독 쿠팡이 이렇게 효율적인 시스템을 갖출 수 있었던 이유는 무엇일까? 대표적인 이유 중 하나는 쿠팡이 다른 기업보다 훨씬 물류 시스템의 효율화를 위한 투자를 많이 했기 때문이다. 쿠팡은 물류와 쇼핑에 관해 2023년 취득한 특허만 1200개가 넘는다. 특히, 유사한 배송지를 효율적으로 묶어서 주문 시간을 단축하는 기법이나 건물마다 서로 다른 출입 방법을 공유하는 가이드 등 현장 작업자들이 직접 효율성을 높이는 기법을 동시에 진행하기도 했다. 또 하나는 AI 기술에 대한 투자다. 쿠팡은 WMS를 기반으로 물류 창고에서 로봇을 활용해 자동화한 시스템을 구축했다. 자동화한 창고를 통해 쿠팡은 배송 트럭까지 상품 박스들이 배송될 때까지 소요되는 시간을 단축할 수 있었다(쿠팡 뉴스룸, 2022).

쿠팡의 이러한 독주는 앞으로 계속될까? 쿠팡의 매출은 이미 2022년 롯데 쇼핑 계열사 유통업 매출을 10조 원 이상 앞서며 전통적 오프라인 유통사들을 앞서는 유통의 강자가 되었다. 향후 쿠팡이 온오프라인 유통 업계를 통틀어 1위로 올라설 수 있다는 전망도 나오고 있다(김승권, 2023). 이처럼 매출 규모가 커지면 커질수록 자율주행으로 인해 절감할 수 있는 시간과 비용은 더욱더 커져만 간다. 똑같은 1%의 비용 절감이라고 해도 1억 원과 1조 원에 적용하면 금액의 차이가 확연히 나는 것과 같은 이치다.

따라서 쿠팡과 같이 AI 기술을 통한 배송 효율화에 투자하지 않는다면 향후 유통업에서 자리를 지키기 어려울 가능성이 크다. AI 기술의 중요성은 따라서 날로 증가할 수밖에 없는 것이다. 온라인과 오프라인 유통의 시장 경쟁력은 곧 AI가 좌우하는 셈이다.

AI 기술 기반 신속 배송 서비스 시장의 미래

우리가 편하게 사용하는 새벽 배송 서비스의 경쟁력도 결국에는 서비스 규모를 키우고 더욱 대량의 고객 데이터를 확보해 AI 기술에 학습시키고 개선해 가는 기업이 살아남게 될 것으로 예상된다. AI 기술에 담긴 학습 기술은 대량의 데이터를 만나 수많은 시행착오를 빨리 겪어 보고 최적의 결과들을 많이 내 볼수록 효율이 올라간다. 여기에 양질의 의사 결정 기록을 더하면 학습 속도는 배가된다. 데이터 및 AI에 대한 막대한 투자를 마치고 이미 효율성이 높은 상태인 데다가, 매출도 독보적으로 높은 쿠팡이 시장에서 더욱 경쟁력이 강할 수밖에 없는 이유다. 고객의 데이터도 확보하면서 AI 기술도 개발해 쿠팡의 독주를 쫓아올 기업이 생길 것인가, 그리고 전통적인 오프라인 유통의 강자들이 어떻게 쿠팡이 점유한 온라인 시장에서 경쟁할 것인가를 흥미롭게 관찰할 필요가 있다.

CJ 대한통운과 같이 택배 기업도 온라인 및 오프라인 고객들을 위한 신속 배송 및 새벽 배송 서비스를 제공하고 있다. CJ 대한통운은 네이버와 협력해 네이버의 쇼핑 플랫폼을 사용하는 판매자와 구매자들에게 주문 상품의 도착일을 보장해 주는 '네이버 도착 보장' 서비스를 제공하고 있다(CJ logistics, 2022). 또한 당일 배송뿐 아니라 일요 배송 등 새로운 서비스도 제공하고 있다. 택배 시장의 과반 이상을 점유하고 있는 규모를 바탕으로 독자적인 연구와 투자를 해 왔기 때문에 새벽 배송 시장을 두고 어떤 식으로 경쟁 또는 협력을 진행할 것인지 지켜보는 것도 흥미로울 것으로 보인다.

참고문헌

CJ Logistics(2022.11.3). CJ대한통운, 네이버와 '네이버도착보장' 서비스 공동 론칭.
https://www.cjlogistics.com/ko/newsroom/news/NR_00000998

김대성 · 박대의(2021.1.17). 1초라도 더 빠른 배송길…초보 배달맨도 AI덕분에 '베테랑'. ≪매일경제≫,
https://www.mk.co.kr/news/business/9711996

김승권(2023.3.2). 쿠팡, 지난해 매출 롯데 '추월'…신세계 넘어 '유통최강자' 노린다. ≪아주경제≫,
https://www.ajunews.com/view/20230301152518471

이민성(2024). 물류와 AI 플랫폼의 결합과 시너지. 물류신문사 편집부 지음, 『2024 물류 산업총람』. 물류신문사.

이지영(2024.2.5). 새벽배송 시장을 잡아라…쿠팡 · 컬리 · SSG닷컴,

차별화 전략은?, ≪서울파이낸스≫,
https://www.seoulfn.com/news/articleView.html?idxno=509546
쿠팡 뉴스룸(2022. 8.1). 쿠팡을 움직이는 WMS 물류 기술의 비밀.
https://news.coupang.com/archives/18754/

02
콜드 체인에서 신선 식품을 관리하는 AI

쿠팡이나 마켓컬리 등에서 신선 식품을 구매하려 할 때 제품이 품절돼 원하는 상품을 구매하지 못할 때가 많다. 상품을 더 많이 확보하면 불편을 덜 수 있을 것이다. 하지만 해산물과 같은 신선 식품은 산지에서 도착 후 하루나 이틀 내에 판매하지 못하면 폐기된다. 상품의 품질을 시간별로 세심하게 관리하는 시스템을 구축해야만 폐기를 줄이면서도 판매량과 고객 만족을 늘릴 수 있다. AI 기법은 신선 식품의 품질 관리와 적정 수량 확보에 적용 가능한 강력한 도구다.

AI와 MBTI?

품절 없이 신선 상품을 구매할 수 있다면

많은 온라인 플랫폼이 최근 신선 상품을 취급하면서 이제 직접 시장에 방문해 상품을 구매하지 않더라도 쉽게 생선회나 전복, 과일 등의 신선 상품을 구매할 수 있다. 특히, 당일 배송, 새벽 배송, 샛별 배송과 같은 초고속 배송 서비스가 정착되면서 신선 식품들도 빠른 속도로 배송이 가능해졌고, 고객에게 신선한 품질을 유지해 배송하는 것이 가능해졌다. 최근에는 편의성을 무기로 가정에서 가까운 편의점에서도 신선 식품 판매를 시작해 판매량을 늘리고 있다(김수영, 2024).

하지만 여전히 신선 식품에서 품절은 빈번히 일어난다. 사실 품절은 신선 식품의 짧은 유통 기간을 생각하면 무척 자연스러운 일이다. 만약 품절이 일어나지 않을 만큼 충분한 수량을 매장에서 구비하고 있다면, 유통 기간이 지나거나 품질이 저하되어 폐기되는 상품들이 발생할 수밖에 없다. 따라서 상품의 폐기를 줄이고 품절을 감수할 것인가, 아니면 상품을 충분히 갖추고 제품 폐기를 감수할 것인가에 따라 품절 발생 빈도는 달라지게 된다. 기업이 처한 상황과 추구하는 전략에 따라 이러한 신선 식품의 품절을 대하는 기업의 접근도 차이가 많이 날 수밖에 없다. 예를 들어, 한 기업은 품절을 절대 일어나서는 안 되는 금기 사항으로 여기며 최소화하고자 노력할 수 있는 반면, 다른 기업에게 품절은 고객의 불편으로 인식되어 차후 더 적절한 수량을 탐색하는 과정으로 보일 수 있다(서영광, 2023). 물론 어느 쪽이 정답이라고 섣불리 판단할 수는 없다. 다만, 이러한 사례는 신선 식품의 관리가 그만큼 복잡하고 그 결과 기업들의 품절에 대한 접근도 크게 다를 수 있음을 잘 보여 준다.

신선 식품과 콜드 체인 배송 체계

신선한 식품을 고객에게 배송하기 위해서는 빠른 배송 속도만 필요한 것은 아니다. 속도만큼이나 중요한 것은 신선함에 필수적인 낮은 온도를 유지하는 것이다. 이것은 단지 물류 창고의 온도를 낮춰서 상품을 보관한다고 가능한 것이 아니다. 상품이 물류 창고를 나와서 배송 트럭에 이동하는 순간뿐 아니라 배송 트럭 안에서도 적절한 수준으로 온도가 통제되어야 한다. 마지막으로 배송원이 가정에 상품을 배송한 후에도 고객이 상품을 냉장고에 보관하기 전까지 몇 시간 동안 신선도를 유지할 수 있는 보냉 팩이 필요하다.

이처럼 상품의 배송 전 주기 동안 온도가 적절한 상태로 통제되는 배송 체계를 콜드 체인이라고 부른다. 콜드 체인은 온도를 유지할 수 있도록 냉각 장치가 부착되어야 하고, 보냉 팩과 같은 장치들도 필요하기 때문에 상온에서 이루어지는 물류 배송 시스템보다 훨씬 큰 비용과 세심한 관리가 필요하다. 신선 식품의 배송은 마치 하나의 끈과도 같아서 한 지점에서라도 온도가 유지되지 않으면 마치 긴 끈이 끊겨 버리듯 다른 모든 지점의 온도 유지에 상관없이 상품의 품질에 심각한 문제가 발생할 수 있다. 따라서 물샐틈없이 상품을 관리하는 세심한 접근법이 필요하다.

예를 들어, 냉장 설비만 하더라도 넓은 창고에 냉장 설비를 장착해 보면 온도가 꼭 균일하지만은 않다. 냉장 설비에 가까운 쪽은 온도가 낮고, 멀어질수록 온도가 조금씩 올라간다. 마치 학교 교실에서 난로를 설치해 난방을 하면 난로 근처는 너무 뜨겁고, 창문 근처는 많이 추운 것과 비슷하다. 이는 큰 창고뿐만 아니라 작은 트럭에서도 비슷하게 적용된다. 냉장 배송 트럭은 그 크기가 물류 창고보다는 작더라도 계속 문을 열고 닫으면서 배송을 하다 보면 문과 가까운 쪽은 온도가 올라가고, 안쪽의 냉장 설비와 가까운 쪽은 온도가 상대적으로 낮은 상태로 유지된다. 이러한 온도 차이를 무시하고 적재하는 경우 상품의 품질에 많은 차이가 발생할 수 있다. 이러한 특성 때문에 그동안 콜드 체인 물류 시스템은 많은 경험과 노하우가 필요한 것으로 인식되었다.

콜드 체인에 적용되는 AI

최근에는 상품에 온도나 습도를 재는 센서를 부착해 이러한 노하우를 극복하고, 데이터에 기반한 정확한 온도 및 품질 관리를 하려는 접근법들이 많이 개발되었다. 물류 창고의 곳곳에 온도 센서를 부착하면 상대적인 온도 분포를 알 수 있고, 어느 부분의 냉각이 더 필요한지도 알 수 있다.

다만, 온도 센서를 통해 자세한 분포를 안다고 해서 바로 적절한 온도를 유지할 수 있는 시스템이 구축되는 것은 아니다. 원하는 부분에 필요한 양의 냉기를 보내기 위해서는 냉장 장치가 이런 섬세하고 다양한 컨트롤이 가능해야 한다. 특히, 온도 센서가 주는 정보를 해석해 정확히 어느 정도의 냉기를 보내야 하는가를 계산하는 것은 열역학 방정식을 풀어야 하는 매우 복잡한 문제다(성제중 외, 2000).

최근에는 AI 기술을 이용해 이런 복잡한 온도 제어 문제를 해결하는 접근법들이 많이 개발되어 오고 있다(박영태 외, 2021). 더 나아가 거꾸로 온도 데이터가 아니라 직접 제품의 손상 상태 자료를 기반으로 최적 온도 설정을 연구하는 접근법도 활발히 진행되고 있다. 제품의 상태가 변해 가는 과정을 온도에 따라 수집해 어떤 품질의 상품이 몇 개가 있고, 앞으로 온도 설정에 따라 품질들이 어떤 식으로 변할 것인지를 알 수 있다.

이러한 정보를 활용하면 신선 식품 유통과 소비에 큰 영향을 줄 수 있다. 예를 들어, 바나나와 같이 후숙 정도에 따라 맛이 달라지는 신선 식품을 생각해 보자. 우리는 마트에서 바나나를 구매할 때 오래 보관하고자 당장 먹기는 다소 부담스러운 파란색의 바나나 한 송이를 구매할 때가 많다. 그러나 막상 바나나가 익기 시작하면 적당한 시간 내에 바나나를 다 먹지 못하고 지나치게 익어 버려 버리는 경우도 빈번하게 발생한다. 아보카도와 같은 신선 식품도 적당히 익은 짧은 기간만 상품성이 있으며, 너무 덜 익은 것이나 더 익은 것들은 모두 당장 먹을 수 없기 때문에 상품성이 없는 것이나 마찬가지다. 이것이 우리가 식당에서 아보카도를 사용하는 음식을 먹기가 어렵거나 아보카도의 상태가 적당하지 않은 경우를 발견하는 이유다.

AI 기반 신선 식품 패키지 서비스

만약, 고객의 사용 패턴에 기반해 하루하루 소비하는 바바나의 양을 파악하고 익힘 정도를 예상할 수 있다면, 녹색부터 노란색까지 다양한 후숙 정도의 바나나를 패키지로 판매할 수 있다. 이런 상품을 제공하려면 바나나는 더 이상 하나의 상품이 아니라 각 후숙 정도에 따라 6~7단계로 세분화한 상품으로 관리해야 한다. 또한 이러한 패키지는 시간에 따라 계속 상태가 변하기 때문에 숙성 정도에 따른 여러 단계 바나나들의 상태를 계속 업데이트할 필요도 있다.

이렇게 하나의 제품을 여러 개의 하위 제품군으로 나누는 것도 어렵지만, 바나나가 점점 익어 가듯 각 하위 상품들의 상태가 특정한 패턴을 가지고 변화하는 경우 이를 관리하는 것은 하나의 상품에 비해 수백수천 배의 어려움이 발생한다. 예를 들어, 상품의 재고도 바나나 한 가지가 아니라 일곱 가지의 바나나로 나눠서 관리해야 하며, 매일 각 바나나의 상태를 조사해 새롭게 각 하위 상품마다 후숙 정도에 따라 개수를 업데이트한다고 생각하면 얼마나 많은 시간과 노력이 필요할지 쉽게 상상해 볼 수 있다. 이것이 하나의 마트가 아니라 수백수천 개의 지점을 가진 대형 유통사나 거대한 물류 창고에 수많은 바나나를 보관하고 있는 온라인 거래 플랫폼이 된다면 문제는 관리가 어려울 정도로 복잡해지는 것이 당연하다. 이런 관리 시스템 구축의 어려움으로 인해 아직까지 서비스가 널리 확산되기는 어려운 상황이었다.

하지만 AI 기술로 가까운 미래에 더욱 효율적인 신선식품 관리를 통해 가장 맛있는 상태의 수박이나 키위, 아보카도 등을 매일매일 먹을 수 있는 패키지들이 더욱 활성화될 수 있다. 특히 상품의 온도 변화와 물류 창고부터 운송 트럭까지의 다양한 장소의 온도 관리에 대한 데이터들을 AI 기술을 통해 학습시킨다면, 불가능해 보이던 신선 식품의 세분화한 관리와 판매도 확산이 가능하다. 즉, 각 신선 상품의 상태가 시간에 따라 변화하는 패턴을 학습해 매일 상태 변화를 정확히 예측하고, 현재의 온도 및 습도에 맞춰서 이러한 상태 변화 패턴이 바뀌는 부분을 정확히 보정해 나간다면 상품의 관리가 훨씬 수월해진다. 바로 이런 예측이 AI 기반의 머신 러닝 알고리즘들이 가장 좋은 성과를 보이는 부분이기 때문에, 앞으로 AI 기반의 신선 식품 관리 기술들이 더욱 확산될 것이다. 가까운 미래에는 더 이상 바나나를 사서 기다리다가 먹기 좋은 시기를 놓치는 일이 없어지는 편리한 시대가 열릴 것으로 기대된다.

참고문헌

김수영(2024.7.1). ‘편장족’ 잡아라…신선 식품 늘리는 편의점들. ≪SBS News≫. https://news.sbs.co.kr/news/endPage.do?news_id=N1007704069

박영태 외(2021). 인공지능 기반 콜드체인 제품 환경 분석 및 예측. ≪한국 SCM 학회지≫, 21(2), 53-61쪽.

서영광(2023.6.16). ‘품절은 금기인가?’… 품절 · 매진 두고 엇갈린 컬리와 오아시스의 ‘입장’. ≪녹색경제신문≫. https://www.greened.kr/news/articleView.html?idxno=304175

성제중 외(2000). 저온저장고 내부의 균일한 온도분포를 위한 3차원 공기유동 분석. ≪한국농업기계학회지≫, 25(4), 279-286쪽.

03
물류 창고의 최적 입지를 정해 주는 AI

마켓컬리, 쿠팡, SSG, 네이버 등 우리나라는 전 세계에서 유사한 사례를 찾기 힘들 정도로 신속 배송 서비스가 유난히 발달했다. 제품을 신속하게 배송하기 위해서는 배송지 근처에 물류 창고를 구축하는 것이 절대적으로 유리하다. 하지만 서울과 같은 도심 근교는 물류 창고를 짓기에 땅값이 매우 비싼 편으로, 어느 곳에 물류 창고를 몇 개나 지어야 하는지는 기업에서 규모가 큰 중요한 의사 결정 중 하나다. 최근에는 미래 수요, 미래 교통망 등 다양한 요소를 AI 기술을 통해 고려해 물류 창고의 입지를 결정할 수 있게 되었다.

AI와 난임 극복?

물류 센터 부지의 제약 조건들

물류 센터 또는 물류 창고는 물류 산업에서 필수적인 기본 시설이다. 그러나 이러한 물류 센터를 짓는 것은 쉬운 일이 아니다. 우선 물류 창고 자체의 규모가 크고, 건축비 및 온도 습도를 유지하기 위한 시설비가 상당하다. 이에 더해, 차량의 상하차를 도와주기 위한 컨베이어 벨트, 지게차 등의 장비들과 이를 보관할 장소들도 필요하기 때문에 물류 센터 부지 하나에는 상당한 투자가 들어갈 수밖에 없다.

그런데 이처럼 큰 규모의 투자비를 마련한다고 하더라도 물류 센터를 짓는 데는 추가로 고려해야 할 제약 조건들이 상당수 존재한다. 우선 물류 센터를 지을 수 있는 부지, 즉 창고와 하역장, 그리고 위에서 설명한 각종 장비들을 위한 시설을 지을 수 있고 보관할 수 있는 창고용지로 지목이 지정된 토지를 찾거나, 대상 부지의 지목을 변경해야 한다. 지목 변경은 비용과 시간이 많이 들고, 많은 제약이 따르기 때문에 보통 창고를 지을 수 있는 부지를 찾는다고 하면 사용 가능한 토지는 상당히 줄어들 수밖에 없다. 더구나, 이러한 과정을 수월히 거친다고 하더라도 이제는 부지 기준 반경에 학교나 유치원 등의 시설이 있는가를 확인해 관련 기준을 충족하는지 점검해야 한다. 여기에 수도권 또는 광역시군에 인접한 부지라면 국토의 계획 및 이용에 관한 법률상 물류 센터 추가 건립이 가능한지도 확인해 봐야 한다. 마지막으로 모든 조건을 만족하더라도 인근 지역민들의 반대 민원도 고려해야만 한다. 설사 물류 창고의 구축 초기에는 지역민들의 반대가 없다고 하더라도 창고 주변이 개발되어 주택이나 아파트가 많이 들어서게 되면 반대 민원이 늘어나는 경우도 있다.

그럼 이처럼 수많은 제약 조건 또는 관계 법령을 다 만족하는 물류 창고 부지 후보군을 찾게 된다면 이제 적절한 장소를 선택만 하면 바로 물류 센터를 지을 수 있을까? 안타깝지만 아직 본격적인 계획은 시작도 하지 않은 셈이다. 오히려 이제부터 어느 장소가 현재 및 미래를 대비해 최적의 장소인가에 대한 분석을 시작해야만 한다.

물류 센터 입지 계획

물류 센터를 지울 수 있는 부지들을 찾았다면 이제는 여러 부지 중 어떤 부지가 가장 적합한지 결정해야 한다. 이는 앞으로 이 물류 센터가 담당할 지역의 수요와 해당 지역까지의 교통망 등을 고려해 결정한다. 물류 센터는 일단 한번 건립하고 나면 수년에서 수십 년간 고정된 위치에서 활용해야 하므로, 당장의 수요 및 교통망만을 고려할 수는 없다. 미래의 교통망 확충 계획이나 미래 고객 수요의 증감을 고려해야만 한다. 미래의 수요 또는 교통망 등은 물류 센터의 위치뿐 아니라 물류 센터의 크기를 결정하는 중요한 요소다.

센터의 크기도 한번 건축하고 나면 바꾸기 어렵다. 이 때문에 처음부터 몇 년의 수요 변화에 대비해 충분한 크기의 시설을 건축할 필요가 있다. 센터의 크기는 차지하는 면적도 생각해야 하지만, 몇 층의 높이로 구성해야 하는지도 결정해야 하기 때문에 단순하지 않다. 더구나, 복수의 층으로 구성한다면 각 층 간의 제품 이동 동선을 고려해야 한다. 엘리베이터, 계단, 레일 등 다양한 옵션이 있고, 저마다 비용이 다 다르기 때문에 예상되는 물동량에 따라 신중한 결정이 필요하다.

최근에는 다수의 물류 센터들을 동시에 사용해 배송하는 일도 빈번하다. 고객의 주문이 여러 품목을 포함하는 경우 하나의 물류 센터에서 모든 품목을 보관하기 어려우므로 두 개 이상의 물류 센터에서 한 고객의 주문을 동시에 처리하기도 한다. 따라서 물류 센터 간의 주문 처리를 동시에 수행하기 위한 배송망을 고려해 센터의 위치를 정할 필요도 있다.

마지막으로 최근 급속도로 중요해지는 위험 관리 이슈가 있다. 만약 사고 등으로 한 물류 센터가 정상적인 기능을 수행하지 못하게 된다면 주변에 있는 다른 물류 센터에서 신속하게 백업이 가능한지도 중요한 고려 요소다. 여기에는 최근 관심이 날로 증가하는 공급망 위험 관리 기법들을 반영할 수 있다. 일반적으로 물류 센터의 작동 중단으로 인한 백업을 신속하게 하기 위해서는 주변 물류 창고들이 충분한 여분 물량을 가지고 준비가 되어 있어야 한다. 이는 비상 상황 발생 시에는 신속한 복구를 가능하게 하지만, 한편으로 평시에는 그만큼 비용을 더 지출하는 셈이기 때문에, 적절한 수량을 정하기 위해서는 위험의 크기와 이에 따른 적절한 준비 수량을 계산할 수 있도록 재고 관리 분야의 전문 지식들을 사용할 필요가 있다(서용원 외, 2019).

물류 창고 입지 선정을 도와주는 AI

이렇듯 물류 창고의 입지 선정은 무척 복잡할 뿐만 아니라 불확실성이 매우 높은 미래의 수요 예측이 수반되어야 한다. 물류 창고의 건립은 또한 큰 투자가 필요한 중요한 의사 결정이기 때문에 이 과정을 돕기 위한 AI 기법들이 다수 개발되어 왔다.

예를 들어, 앞에서 서술한 수많은 제약 조건들을 만족하는 토지를 일일이 찾는 것은 거의 불가능에 가깝다. 이를 위해 지리 데이터(GIS)를 이용해 대상 입지들의 제약 조건들을 식별하고, 모든 조건을 만족하는 후보지들을 자동으로 도출해 주는 솔루션 등이 개발되고 있다(조명의, 2022).

고객의 미래 수요 예측은 앞 장에서 서술한 수요 예측 AI 기법들을 통해 도출할 수 있다. 다만, 물류 센터에서 다루는 수요 예측은 수년 후의 장기적인 수요 예측이므로 몇 개월 단위의 단기 수요 예측에 사용하는 기법 외 새로운 기법을 활용할 필요가 있다. 이러한 장기 수요의 예측은 빅 데이터의 기법들을 활용할 수 있는데, 이는 각종 경제 지표나 기후 지표, 물가 동향 등 다수의 거시 경제 지표들을 조합해 미래 수요를 예측하는 기법들이다. 머신 러닝 계열의 딥러닝 기법들을 활용해 장기 수요를 예측하는 연구들이 활발히 수행되어 왔다(Sangrody, et al. 2018). 따라서 이들을 입지 선정에서 활용할 수 있을 것으로 기대된다. 또한 딥러닝을 이용한 전력량이나 철근 가격 등 다양한 소재에 대해 장기 수요를 예측하는 기법들이 개발되고 있다(김지영 · 백창룡, 2019; 남성휘, 2021; 이용성 · 김경환, 2021).

또한 물류 창고의 사고 등으로 정상적 기능 수행이 어려울 경우의 위험 관리에 대비하는 방법들도 개발되고 있다. 특히, 코로나로 인해 물류망의 마비를 겪은 뒤로부터 물류망의 각종 사고들에 유연하게 대응할 수 있는 물류 창고 네트워크 구축에 대한 관심이 증가하고 있다(Modgil, et al. 2022).

여러 물류 창고들을 동시에 구축하고 활용하는 쿠팡이나 네이버, SSG 등을 비롯한 전자 상거래 기업들이 늘어나면서 이런 네트워크 분석을 통해 하나가 아니라 복수 개의 물류 센터들에 대한 최적의 위치를 정할 필요성도 커지고 있다. 특히, 이러한 문제들은 전통적인 네트워크 최적화 문제로는 접근하기 어려운 복잡성 및 불확실성을 가지고 있어 딥러닝을 통해 그동안 구축한 데이터를 학습해 미래의 의사 결정에 활용하려는 움직임도 볼 수 있다. 인구가 크고 불확실성 및 규제의 복잡도가 높은 중국에서 이러한 연구들이 활발한 편이다(Xu, et al., 2019).

보통 장기간에 걸쳐 영향을 미치기 때문에 주로 전략적 의사 결정으로 분류되는 물류 창고의 입지 선정도 이제 많은 AI 기법 덕분에 정량화하고 최적화하는 것이 가능해졌다. 물류 창고의 입지 선정은 다른 물류 기술과는 달리 관계 법령이나 제약 조건들이 복합적으로 적용되는 복잡성이 있으며, 향후 긴 기간의 수요 예측도 병행해야 한다는 점에서 어려움이 있었다. 하지만 앞으로는 복수의 AI 기법들을 동시에 적용해 가장 좋은 입지를 고르는 접근법이 더욱 확산될 것으로 기대된다. 특히, 물류산업에서 입지 선정은 비교적 AI 활용이 상대적으로 적었던 곳이므로 향후 더욱 적극적인 활용이 이루어질 것으로 기대된다.

참고문헌

김지영 · 백창룡(2019). 딥러닝을 이용한 이변량 장기종속시계열 예측. ≪응용통계연구≫, 32(1), 69-81쪽.

남성휘(2021). 시계열 분석 모형 및 머신 러닝 분석을 이용한 수출 증가율 장기예측 성능 비교. ≪무역학회지≫, 46(6), 191-209쪽.

서용원 외(2019). 『공급사슬관리』(개정판), 생능출판사.

이용성 · 김경환(2021). 딥러닝의 반복적 예측방법을 활용한 철근 가격 장기예측에 관한 실험적 연구. ≪한국건설관리학회논문집≫, 22(3), 21-30쪽.

조명의(2022.6.9). 빅밸류, AI공간 빅데이터로 물류센터 부지 탐색, TechWorld, https://www.epnc.co.kr/news/articleView.html?idxno=224122

Modgil, S., et al.(2022). AI technologies and their impact on supply chain resilience during COVID-19. *International*

Journal of Physical Distribution & Logistics Management, 52(2), pp.130–149.

Sangrody, H., et al.(2018, 2). Long term forecasting using machine learning methods. *2018 IEEE Power and Energy Conference at Illinois*(PECI), pp.1–5. IEEE.

Xu, P., et al.(2019, 12). A logistics network distribution algorithm based on deep learning. *2019 IEEE Symposium Series on Computational Intelligence*(SSCI), pp.3215–3220. IEEE.

04
고객 수요와 트렌드를 예측하는 AI

모든 수요 예측은 틀리기 위해 존재한다는 말이 있을 정도로 고객의 미래 수요는 고객 자신도 모르는 미지의 영역이다. 하지만 고객 수요에 대해 경쟁사보다 좀 더 빠르고 효율적으로 대비할 수 있는 기업은 시장에서 선택받고 성장하게 된다. 모든 기업이 수요 예측에 사활을 거는 이유다. 전통적인 수요 예측 기법들은 과거의 고객 수요 데이터를 기반으로 미래에 일어날 수 있는 패턴들을 예측하려고 했지만, 최근 AI 기술로 무장한 수요 예측 기법들은 기업 내 · 외부의 다양한 데이터와 함께 고객 수요를 학습해 정확도를 비약적으로 높이고 있다.

AI와 사주?

과거를 통한 미래 예측의 한계

만약 배민과 같은 온라인 배달 플랫폼에서 오늘 점심 정확히 몇 명의 고객이 배달 주문을 할지 알게 된다면 어떨까? 더 이상 이 기업은 몇 명의 배달원들을 대기해야 할지 고민할 필요가 없으며, 모든 배달원에게 안정적으로 주문을 할당할 수 있다. 마찬가지로 유니클로와 같은 의류 회사에서 올겨울 몇 명의 고객이 패딩을 구매할지 알게 된다면 어떨까? 더 이상 이 기업은 겨울이 지난 후 막대한 패딩 재고를 얼마나 할인해서 처리할지, 다른 아웃렛에 보내야 할지 고민할 필요가 없으며, 고객들이 원하는 사이즈나 색깔의 패딩을 찾지 못해 발길을 돌릴 일도 없을 것이다. 이처럼 고객의 수요를 알게 되는 경우 대부분의 사업은 마법과 같이 어려움이 사라지고 이익이 늘어날 수 있다. 이 때문에 당연히 모든 기업들은 고객의 수요를 알기 위해 막대한 비용과 노력을 기울이고 있다.

그렇지만 고객의 수요를 안다는 것은 마치 미래의 주가를 예측하는 것과 비슷하다. 내일 주가가 오를지 내릴지는 아무도 알 수 없듯 고객의 수요가 내일 얼마가 될지는 알 수 없는 일이다. 심지어는 실제로 기업을 방문해 구매하게 될 고객들조차도 오늘은 아무 생각이 없다가 내일 갑작스럽게 필요해서, 또는 갑자기 필요하다는 생각이 들어서 제품을 구매하게 되기 때문에 고객 스스로도 미래의 구매 의사를 알지 못하는 것이나 다름없다.

이처럼 고객들도 모르는 미래의 수요를 기업이 알 수 없는 것은 당연한 일이다. 그렇지만 수요 예측은 여전히 너무나 중요하기 때문에 우리가 알 수 없는 미래의 주가를 예측하기 위해 수많은 전문가들이 다양한 예측 기법들을 활용하고 있듯, 모든 기업은 자신만의 수요 예측을 수행하고 있다.

수요 예측의 영향은 물류 및 재고 측면에도 막대하다. 미래 고객의 수요를 정확히 안다면 대부분의 기업들은 창고에 막대한 재고를 쌓아 둘 필요도 없으며, 물류 활동도 이에 맞춰서 최소한으로 줄일 수 있기 때문에 비용을 쉽게 절감할 수 있다. 즉, 잘 수행한 수요 예측은 기업의 재고와 물류비를 획기적으로 줄일 수 있는 것이다.

이 때문에 온라인 상거래 기업들도 적극적으로 데이터를 학습해 고객이 필요한 제품들을 미리 준비해 나가고 있다. 예를 들어, 마켓컬리는 데이터를 수집하고 분석하는 '데이터 농장' 팀을 운영 중인데, 여기서는 고객들의 주문 데이터를 바탕으로 다음 날 고객의 주문량을 미리 예측한다(김대성 · 박대의, 2021). 이를 통해, 마켓컬리는 제품의 품절이나 재고를 줄이려고 하고 있다.

인공지능 기반의 기법이 활용되기 이전에는 기업에서 수요 예측은 주로 경험이 많은 직원들이 과거의 수요에 대한 경험과 현재의 트렌드 등을 고려해 토의나 회의를 통해 결정해 왔다. 이후, 최근까지는 정성적인 의사 결정을 조금씩 대치하면서 과거의 수요 데이터를 기반으로 정량적인 예측 기법들을 더욱 활발히 적용하는 기업들이 많았다. 시계열 접근법으로 불리는 정량 기법들은 과거 수요 패턴을 기반으로 미래에 어떤 식으로 고객 수요가 전개될 것인가를 예측한다. 이들 기법들에다 계절과 같은 정기적인 변동이나 장기적인 상승, 하강과 같은 추세들을 반영할 수도 있으며, 또한 제품의 도입 초기-확장기-쇠퇴기와 같은 수명 주기들도 반영이 가능해 그동안 널리 사용되어 왔다(Snyder & Shen, 2019).

문제는 과거의 수요 패턴에 기반한 시계열적 접근법은 현재 일어나고 있는 환경의 변화를 반영하는 데 취약하다는 것이다. 대부분의 수요는 경제 상황이나 날씨와 같은 수많은 외부 환경에 큰 영향을 받으며, 때로는 다른 고객의 구매 의사 결정이 나의 구매에 영향을 미치기도 하는 상호 작용도 가지고 있다. 하지만 이러한 복잡한 연관 관계를 모두 정확히 파악해 수요 예측 모형에 반영하기 위해서는 방대한 외부 인자들 중 핵심적인 것을 파악하고, 그것들 사이의 상호 작용을 모두 조사해야 하므로 불가능에 가깝다. 예를 들어, 1000개의 외부 인자들 중 핵심적인 100개를 고르기도 어렵지만, 이들 100개 인자들 사이의 100 × 100 = 10000개에 달하는 연관 관계를 파악하는 것은 더욱 어렵다.

AI를 활용한 수요 예측 기법의 부상

흥미롭게도 AI 기법이 상당히 좋은 성과를 보이는 분야 중 하나가 수요 예측이다. 우리가 개나 고양이의 사진을 구분할 때 활용하던 머신 러닝 기법은 우리가 놓치고 있던 고객 수요의 패턴을 찾는 데도 상당히 유용한 것으로 밝혀졌다. 이에 따라 수많은 머신 러닝 기법들이 금융 산업, 제조업, 유통업, 농업, 에너지 산업 등에 폭넓게 활용되고 있다(Baur, et al., 2024; Chen, et al., 2024, Hasan, 2024; Liu, et al., 2024; Jeyaraman, et al., 2024; Zhang, et al., 2024). 특히, 수요 예측의 특성상 바로 직전의 과거 수요 패턴뿐만 아니라 상당히 긴 과거의 수요 패턴이 반복되는 사례들도 많기 때문에 보다 긴 시간 동안의 패턴을 학습하고 유추해 연관시킬 수 있는 LSTM(Long Short-Term Memory)과 같은 기법이 활발하게 활용되고 있고, 그 효과가 많이 보고되어 있다(Wang, et al.,

2024).

하지만 과거의 패턴을 알아내는 방식만으로는 미래의 고객 수요를 예측하는 데 한계가 있다. 따라서 최근에는 머신 러닝 기법뿐 아니라 데이터 자체의 확장을 통해 수요 예측 기법의 성능을 향상하려는 움직임도 나타나고 있다. 예를 들어, 내일의 아이스 아메리카노 커피 판매량을 예측하는 중요한 요소는 내일의 날씨일 것이다. 내일이 맑은 날인지, 기온은 얼마나 높은지에 따라 아이스 아메리카노 커피의 매출은 크게 영향을 받을 수밖에 없다. 마찬가지로 자동차 타이어의 수요 예측도 여러 외부 인자(feature)들의 영향을 받는다. 우선 자동차 타이어는 자동차 자체의 수요에 크게 영향을 받을 수밖에 없으며, 자동차 구매는 큰 규모의 비용 때문에 경제 상황에 영향을 받게 된다. 따라서 자동차 타이어 예측과는 무관해 보이는 국제 경제 지표, 국내 경제 경기 데이터, 그리고 심지어는 교육과 관련한 지표 등 여러 가지 인자들을 집어넣은 예측이 기존보다 훨씬 좋은 성과를 보인다는 연구 결과가 발표되었다(Sagaert, et al., 2018; Gerritsen & Reshadat, 2022). 또한 마켓컬리에서는 주문 데이터뿐만 아니라 날씨, 요일, 프로모션 등 수천만 건 이상 수집한 데이터로 머신 러닝을 통한 학습 모형을 구축해 고객의 주문 발생을 예측하고 있다(서영광, 2023).

이러한 수요 예측은 따라서 기존의 고객 수요 데이터만으로 예측을 하기보다는 날씨와의 연관성, 그리고 보다 중요하게는 날씨에 영향을 미치는 인자나 날씨 예측 결과와 함께 적용할 때 더욱 큰 성과를 기대할 수 있다. 최근에는 고객의 데이터뿐 아니라 날씨나 경제 상황 등 다양한 인자가 결합된 데이터 분석을 통한 수요 예측을 재고 관리에 활용하면 좋은 성과를 보일 수 있다는 결과들이 발표되고 있다(Ding, et al., 2024).

AI를 활용한 수요 예측 기법의 미래

인공지능 기술을 활용한 수요 예측은 전통적인 과거 패턴 분석을 통한 수요 예측을 보완하는 중요한 기능으로 이미 자리 잡았으며, 앞으로 더욱 사용하기 편리한 형태로 우리에게 제공될 것이다. 가까운 미래에는 엑셀과 같이 편리한 형태로 해당 기능들이 제공되어 어디서나 쉽고도 강력한 성능의 수요 예측 기법을 사용할 수 있게 될 것이다. 하지만 여전히 수요 예측은 완벽할 수 없으며, 특히 COVID-19와 같이 우리가 한 번도 경험하지 못한 일들은 수요 예측을 어렵게 하며, 앞으로 해결해야 하는 과제로 남아 있다. 물론, 이 모든 과제들이 해결되더라도 여전히 수요 예측은 계속 실제 수요와 완전히 같을 수는 없으며, 그 차이를 줄이기 위한 방법들과 차이가 나는 상황을 보다 빨리 발견하고 새로운 보정을 수행할 수 있도록 해 주는 AI 기법들이 계속 개발될 것으로 기대된다.

참고문헌

김대성 · 박대의(2021.1.17). 1초라도 더 빠른 배송길…초보 배달맨도 AI 덕분에 '베테랑'. ≪매일경제≫. https://www.mk.co.kr/news/business/9711996

서영광(2023.6.16). '품절은 금기인가?'... 품절 · 매진 두고 엇갈린 컬리와 오아시스의 '입장'. ≪녹색경제신문≫. https://www.greened.kr/news/articleView.html?idxno=304175

Baur, L., et al.(2024). Explainability and interpretability in electric load forecasting using machine learning techniques – A review. *Energy and AI*, 100358.

Chen, L., et al.(2024). A machine learning model that outperforms conventional global subseasonal forecast models. *Nature Communications*, 15(1), 6425.

Ding, J., et al.(2024). Feature-based inventory control with censored demand. *Manufacturing & Service Operations Management*, 26(3), pp.1157-1172.

Gerritsen, D., & Reshadat, V.(2022). Identifying leading indicators for tactical truck parts' sales predictions using LASSO. *Intelligent Systems and Applications*. Proceedings of the 2021 Intelligent Systems Conference(IntelliSys), 2, pp.518–535. Springer International Publishing.

Hasan, M. R.(2024). Addressing seasonality and trend detection in predictive sales forecasting: A machine learning perspective. *Journal of Business and Management Studies*, 6(2), pp.100–109.

Jeyaraman, J., et al.(2024). Machine learning for demand forecasting in manufacturing. *International Journal for Multidisciplinary Research*, 6(1), pp.1–115.

Liu, G., et al.(2024). A state of art review on time series forecasting with machine learning for environmental parameters in agricultural greenhouses. *Information Processing in Agriculture*, 11(2), pp.143–162.

Sagaert, Y. R., et al.(2018). Temporal big data for tactical sales forecasting in the tire industry. *Interfaces*, 48(2), pp.121–129.

Snyder, Lawrence & Shen, Zou-jun Max(2019). *Fundamentals of Supply Chain Theory*, Wiley.

Wang, J., et al.(2024). Predicting stock market trends using lstm networks: overcoming RNN limitations for improved financial forecasting. *Journal of Computer Science and Software Applications*, 4(3), pp.1–7.

Zhang, C., et al.(2024). Volatility forecasting with machine learning and intraday commonality. *Journal of Financial Econometrics*, 22(2), pp.492–530.

05
공장 내 물류 로봇을 운영하는 AI

삼성전자나 LG디스플레이 등 우리나라 대표 제조 기업들을 가 보면 이제 공장 안에서 일하는 작업자를 찾기가 무척 힘들다. 제조가 완료된 부품들은 사람이 조종하는 지게차나 화물차 대신 자동화된 운송 로봇들을 통해 이동한다. 공장 내 물류 자동화는 공장 밖의 일반 도로를 다니는 물류 자동화보다 훨씬 빠르게 발전하고 있으며, 가까운 시일 안에 공장의 운반을 모두 담당할 가능성이 크다. 이렇게 수많은 물류 로봇들을 충돌이나 정체 없이 운영하기 위해서는 AI 기반 기술들의 활용이 필수적이다.

AI와 아이돌?

공장 내에 도입되는 물류 로봇

LG디스플레이는 2017년경부터 전체 공장에서 작업자가 거의 근무하지 않는 자동화한 생산 시설을 구축해 대형 텔레비전이나 모니터를 위한 디스플레이를 생산하고 있다(이완, 2017). 또한 LG전자는 자사에 스마트 팩토리 솔루션을 통해 생산 공정 관리와 물류 운반을 자동화하고 있으며, 이를 위해 현재까지 특허도 1000건 이상 확보하고 있다. 이처럼 제조 현장만 자동화한 것이 아니라 공장 안의 제품 운송도 모두 자동화한 물류 로봇들이 담당하고 있다.

일반적으로 공장 내 물류 로봇은 AGV(Automated Guided Vehicle)로 불리는데, 이는 로봇이 주행하는 길에 부착된 바코드 등을 인식해 그 데이터를 기반으로 이동하기 때문이다. 이들 로봇은 주행 제어와 위치 인식을 동시에 구현해 운영의 편리성과 물류 활용성을 높이고 있다(윤소원, 2021).

미국의 대표적 전자 상거래 기업인 아마존에 따르면, 전 세계 물류 창고에 2023년 기준 이미 약 52만 대의 운반 로봇이 배치되어 운영 중인 것으로 나타났다. 매년 아마존을 거치는 물품 중 이미 대다수인 약 75% 정도는 사람이 아니라 로봇에 의해 운반된다. 국내에서는 쿠팡이 물류 센터에 무인 운반 로봇을 도입해 물류 센터의 현장 작업자 업무량이 2023년에 전년 대비 65% 감소했다고 한다(조아영, 2023).

이처럼 이제 제조 공정에서 원재료와 부품의 이동을 위해 점점 인간의 손이나 지게차와 같은 도구를 이용하는 대신 자동화한 물류 로봇들을 이용하는 것이 더욱 확산되고 있다. 특히, 최근 스마트 팩토리가 등장하면서 제조 공정에서 로봇을 통한 제조가 더욱 활발해지고 생산 소요 시간이 단축되면서 물류 로봇을 통해 원재료와 부품의 이동 속도를 증가시켜 이동 시간을 줄이려는 움직임도 나타나고 있다. 물류 로봇들은 생산 공정에 사용되는 이른바 제조 로봇과는 역할 및 운영 기술에서 모두 차이를 보이고 있다.

물류 로봇의 역할과 중요성

공장 내 물류 로봇들은 공장의 생산을 담당하는 로봇과는 다른 기술이 필요하다.

우선 공장의 제조 로봇은 정확한 움직임과 제어가 필요하다. 예를 들어, 제조 로봇은 움직이는 컨베이어 벨트에서 작은 기판의 정확한 위치에 납땜을 하거나, 드라이버를 조이는 등의 업무를 수행한다. 대부분 이런 업무는 고정된 장소에서 이루어지기 때문에 제조 로봇은 정밀한 제어를 위해 대형화한 경우도 많다. 또한 인간의 팔이나 손에 해당하는 부분을 모방한 정밀한 관절 부위나 집게 등의 형태를 띤 것을 자주 볼 수 있다.

반면, 물류 로봇은 다양한 부품을 원하는 장소에 옮겨야 하므로, 이러한 정밀한 움직임보다는 부품을 로봇에 담고 나르는 작업이 중요하다. 즉, 움직임을 원활히 하기 위해 소형화한 로봇이 많으며, 여러 개의 바퀴를 가지고 전후좌우를 자유롭게 돌아다니는 형태를 가지고 있다. 또한 정밀한 로봇 팔이나 손 대신 물류 로봇들은 상단부가 부품을 안전하게 옮길 수 있는 박스나 쟁반 등의 단순한 형태로 구성되어 있다.

따라서 물류 로봇에서 중요한 것은 정밀한 제어를 통한 제조가 아니라 수많은 로봇들이 복잡한 공장 내의 기계 사이로 또는 공장의 천장이나 바닥의 정해진 길들로 정체 없이 원활하게 움직이게 하는 것이다. 만약, 공장에 10대나 20대 정도의 소규모 물류 로봇만 있다면 이들이 서로 통행하게 하는 데는 비교적 간단한 규칙만 적용하면 충분하다. 예를 들어, 마주 보는 두 로봇이 한곳에서 만난다면 먼저 들어온 로봇이 길을 가고, 둘 중 만난 장소에 늦게 도착한 로봇은 잠시 옆으로 길을 비켜 주는 방식으로 제어하면 큰 문제 없이 소수의 물류 로봇들을 운영할 수 있다.

하지만 공장 내 로봇이 1000대 정도가 돌아다니게 된다면 이러한 단순한 규칙으로는 원활한 운영이 어려워진다. 최악의 경우 로봇들이 길에서 엉켜서 몇 시간 동안 움직이지 못하는 정체가 발생할 수도 있다. 마치, 우리가 명절에 운전하면서 도로에서 긴 정체를 겪듯이 수많은 로봇들이 한정된 공간에서 이동을 하는 경우 운영 규칙에 따라 극심한 정체와 제약이 발생할 수밖에 없다. 로봇의 운영 대수가 늘어나게 되면 이러한 문제의 난이도는 비약적으로 증가한다.

즉, 공장 내 물류 로봇의 운영은 운영 대수가 증가하면서 사전에 정의한 단순한 몇 가지 룰로는 해결할 수가 없으며, 특히 복잡한 생산 스케줄이나 공정과 결합하면 그 난이도는 더욱 증가한다. 이러한 문제 때문에 많은 물류 로봇의 도입 시 운영상의 어려움을 겪기가 쉽다.

물류 로봇 운영 AI의 중요성

수천 대의 로봇이 다양한 경로로 원활히 이동할 수 있는 경로 설정과 서로 마주쳤을 때의 양보 구조를 정하는 문제는 기존의 규칙 기반의 접근법으로는 해결이 어려운 편이다. 따라서 이 문제를 해결하기 위한 다양한 강화 학습 기반의 AI 기법들이 개발되고 있다.

물류 로봇 운영을 위해 기존의 최적화 접근법은 그동안 유일한 접근법으로 수많은 장점과 성과를 보여 왔으나, 몇 가지 단점들 또한 가지고 있다. 우선 수백 대의 로봇 운영상 언제 어디서든 갑자기 로봇의 정체가 발생할 수 있으며, 그 원인도 다양하기 때문에 각 문제별로 최적의 방법을 구현하려면 수많은 상황별 계산이 필요하고, 이는 막대한 양의 연산이 필요하게 되며, 실시간이나 신속한 의사 결정을 어렵게 만들어 정체 시간이 길어지게 할 수 있다.

둘째로, 각 로봇들마다 최적의 운영 방법을 결정하려면 다른 로봇과의 상호 작용을 고려하지 않을 수 없다. 마치 한 로봇이 다른 로봇을 만나서 왼쪽으로 비키는 경우 다른 로봇은 비킨 자리를 지나가거나 다른 쪽으로 비켜 주지 않으면 이 행동이 정체를 해소할 수 없는 것과 같다. 이런 방식 역시 여러 대의 로봇의 행동 양식을 경우마다 모두 고려해야 하기 때문에 컴퓨터 CPU의 연산량이 매우 많아진다.

반면, 강화 학습 기반 방법들은 로봇들이 정체를 빠져나가는 여러 데이터를 관찰해 로봇들 스스로 각 경우마다 가장 적절한 방법을 찾아서 기억하는 학습을 수행한다. 이런 학습한 의사 결정 방법을 구현해 주면 더 이상 최적화를 위한 연산이 필요 없기 때문에 로봇 운영을 수행하면서 컴퓨터의 연산량을 줄여 줘 자원 소모를 줄일 수 있다.

물론, 강화 학습 기반의 방법론이 장점만 있는 것은 아니다. 다른 인공지능 기법들과 마찬가지로, 이 기법도 다량의 데이터나 수많은 경우들에 대한 가상 실험을 통해 좋은 의사 결정이 무엇인지 미리 학습을 수행해야 하며, 이에 필요한 자원이 때로는 기존의 최적화 접근법 이상으로 필요할 수도 있다. 적은 데이터 또는 작은 양의 연산으로도 인공지능 기반 강화 학습 기법이 효율적인 학습을 이루어지도록 하는 것이 중요하다. 또한 물류 로봇이 돌아다니는 공장의 환경이 변하거나 생산 공정 스케줄이나 순서의 변화가 있는 경우에 강화 학습 기반 방법에도 새로운 로봇 운영 규칙을 찾기 위한 새로운 학습이 필요하다. 다만, 위 두 가지 문제점들을 개선하기 위한 다양한 방법이 시도되고 있어 강화 학습 접근법은 더욱 확산될 것으로 기대된다.

물류 로봇 운영 AI의 미래

최근에는 물류 현장의 효율성뿐만 아니라 공장 내 안전사고 예방을 위해서도 물류 로봇의 배치가 중요해짐에 따라 심층 강화 학습 기반의 접근법이 더욱 활발히 개발되고 있다. 예를 들어, AI의 학습 결과물의 해석과 일반적 적용을 가능하게 하는 심층 관계형 강화 학습(Deep relational reinforcement Learning)을 적용하는 연구를 찾아볼 수 있다(강민교 · 김인철, 2023). 또한 물류 군집 로봇 제어 솔루션을 연구하고 연구 팀이 직접 스타트업 기업을 창업하는 사례도 찾아볼 수 있다(신민재, 2023). 심층 강화 학습 기반의 물류 로봇 운영은 공장 내 공정들이 복잡해지고 다수의 설비들 간의 이동이 빈번하게 필요하게 되면서 더욱 고도화해 공장 내 물류 이동 효율성을 향상하는 핵심 기술로 자리 잡을 수 있을 것이다. 특히, 공장 내 생산 관리 또는 설비 관리 시스템들과 연동되어 더욱 복잡한 물류 로봇 운영을 가능하게 하는 시스템들이 등장하고 있으며, 이를 더욱 고도화하기 위한 연구들이 활발히 이루어지고 있어 향후 전 제조 공정의 스마트 팩토리 구축에 크게 기여할 것으로 기대된다.

참고문헌

강민교 · 김인철(2023). 다중 로봇 제조 물류 작업을 위한 안전성과 효율성 학습. ≪로봇학회 논문지≫, 18권 2호, 225-232쪽.

신민재(2023.4.19). 다임리서치, '물류 군집로봇' 제어 솔루션의 강자. INFOSTOCK DAILY, https://www.infostockdaily.co.kr/news/articleView.html?idxno=191380

윤소원(2021.12.31). 미국 내 공장의 핵심기계 무인운반차 AGV, ≪로봇기술≫, https://robotzine.co.kr/entry/258820

이완(2017.3.19). 생산라인엔 대용 로봇팔만 '휘적휘적'. ≪한겨레≫, https://www.hani.co.kr/arti/economy/marketing/787058.html

조아영(2023.9.6). 공장 물류 창고, 사람 대신 로봇이 누빈다. ≪한경ESG≫, https://www.hankyung.com/article/202308229950i

06
자율 주행 운송에 사용되는 AI

일론 머스크는 2024년 8월까지 자율 주행 로보택시를 선보이겠다고 선언했다. 그동안 테슬라가 운전자 주행 보조 시스템으로 편안한 운전을 지원하기는 했지만, 여전히 운전자는 운전석에 앉아서 운전을 통제해야 했다. 로보택시는 운전석에서 완전히 기사를 없애는 서비스로 테슬라가 선보인 자율 주행 기술보다 훨씬 어려움이 많다. 이 분야는 구글 웨이모 등이 제한된 지역에서 서비스를 제공하고 있다. 자율 주행 기술은 복잡도가 높고 데이터를 통한 학습이 필수적이기 때문에 자연스럽게 AI 기반 기술들에 기반해 개발이 이루어지고 있다.

AI와 야구?

자율 주행 자동차 업계의 합종연횡

현재 자율 주행업체들에 큰 변화의 시기가 오고 있음은 분명하다. 약 2014년부터 10년 넘게 자율 주행 차를 개발해 온 애플은 2024년 자율 주행 자동차 프로젝트를 중단한 것으로 알려졌다. 또한 GM의 자율 주행 택시 크루즈(Cruise)는 서비스 도중 교통사고가 발생해 무기한 서비스를 중단하기도 했다. 우버 또한 2020년 애리조나에서 행인을 친 교통사고로 그동안 진행해 온 자율 주행 차량을 중단하기도 했다.

하지만 구글이 개발해 운행하는 웨이모(Waymo) 택시는 여전히 운행 중이며, 미국 피닉스와 샌프란시스코, LA 등지에서 5만 명 이상의 승객들에게 서비스를 제공하고 있다. 웨이모 택시는 도로에서 인간이 주행하는 차들과 같이 주행하면서 승객을 태우고 원하는 목적지까지 운송하고 있다. 뿐만 아니라 이 자율 주행 택시는 해당 도시에서 음식을 배달해 주는 우버이츠(Uber Eats) 서비스까지 수행하고 있다(Meyer, 2024).

구글이 처음 자율 주행 서비스를 개발하기 시작한 것은 2009년으로 초창기 구글은 운전자의 운전을 도와주는 시스템을 구상했다. 하지만 이러한 접근법은 안전하지 않은 것으로 결론을 내리고 2015년부터 페달과 핸들이 없는 순수한 자율 주행 차를 구상하고 개발하기 시작했다. 오늘날 웨이모 택시는 여전히 핸들과 페달을 가지고 있으며, 심지어 운전자의 좌석도 갖추고 있어 일반 차량과 동일한 모습이다. 다만, 주행 중 운전석은 비어 있으며, 페달과 핸들은 자동으로 조종이 된다. 그러나 현재 운행되는 웨이모도 교통사고에서 아주 자유로운 것은 아니다. 웨이모는 서비스 후 2024년까지 최소 22건 이상의 사고를 낸 것으로 알려져 있으며, 몇 번의 소프트웨어 업데이트를 통해 문제점을 해결하곤 했다.

테슬라 또한 자율 주행 자량의 개발에 뛰어든 상태다. 테슬라의 CEO인 일론 머스크는 테슬라의 자율 주행 로보 택시를 곧 공개하겠다고 발표하기도 했다. 그동안 테슬라는 자율 주행보다는 운전자를 도와주는 주행 보조(driver-assist) 시스템 개발을 해 왔기 때문에 이러한 행보는 무척 큰 변화라고 할 수 있다. 또한 테슬라와 구글은 자율 주행 센서 기술도 무척 다르다. 웨이모는 카메라와 레이더, 라이다 등 레이저 센서를 병행해 사용하는 반면 테슬라는 오로지 카메라만 사용해 자율 주행을 추구한다. 테슬라는 이미 수많은 주행 보조 시스템을 갖춘 차량을 판매해 왔으며, 이 차로부터 수집하는 데이터를 통해 AI 기술 중 하나인 신경망을 활용한 운전자 보조 시스템을 이미 완성했다. 하지만 일론 머스크의 그간의 실패한 약속들을 볼 때 테슬라가 실제로 자율 주행 택시를 선보일 수 있을지는 미지수다.

자율 주행 택시와 AI 기술의 변화

현재 완전하지는 않다고 하더라도 자율 주행 택시 서비스가 시작된 것은 분명하며, 이는 계속 확산될 것으로 기대된다. 이러한 자율 주행 AI 기술은 당연히 기존의 운전자 보조 시스템에도 큰 변화를 줄 수 있다.

어떤 연구자들은 자율 주행 차들만 운행 시 오히려 사고와 교통 체증이 크게 줄어들 것으로 예상하기도 한다. 실제 신호 대기 후 길게 줄을 서 있는 차들이 하나씩 출발하는 데 소요되는 대기 시간은 상당히 길어서 이런 조그만 시간들이 모여 긴 정체를 만들게 된다. 하지만 자율 주행 차들만 도로에 있다면 그들이 서로 언제 출발하는지 정확히 통신할 수 있고, 그럼 신호가 바뀐 후 모든 차가 정확히 같은 시간에 출발하면서 정체 시간을 크게 줄일 수도 있다.

자율 주행 택시가 더욱 확산된다면 어느새 도로의 신호등은 인간이 보는 것이 아니라, 자율 주행 모듈들이 인식하는 형태로 바뀔지도 모른다. 그리고 이러한 신호 체계는 각 자율 주행 모듈을 조정해 최적의 의사 결정이 이루어질 수 있도록 한다. 이러한 자율 주행 모듈의 신호 인식과 차량 제어는 인간이 하는 것에 비해 훨씬 빠르고 정확하게 발전할 것이다. 그러면 우리의 일상생활에서 운전과 택시 이용 등에 엄청나게 큰 영향을 끼치게 된다.

군집 주행 AI 기술과 물류 산업의 파급 효과

이렇게 자율 주행 차들만 돌아다니는 도로는 다소 먼 미래의 모습일지도 모른다. 하지만 그보다 가까운 미래에 물류 측면에서는 훨씬 더 중요한 자율 주행 AI 기술이 먼저 개발될 것으로 예상하고 있다. 이는 군집 주행(platooning)이라고 불리는 기술로, 하나의 유인 또는 무인 트럭을 여러 무인 트럭들이 자율 주행 기술로 뒤쫓아서 따라가게 해 주는 기술이다(Mckinsey & Company, 2018).

트럭의 군집 주행은 고속 도로의 톨게이트와 같이 정해진 출발지와 목적지 사이에서 우선 수행될 가능성이 높다. 예를 들어, 서울 톨게이트까지 개별 트럭을 기사들이 운전해 모아 놓으면, 한 명의 기사가 대표 트럭을 몰고 나머지 트럭들은 군집 주행 기술을 사용해 무인으로 따라오는 방식으로 수행되는 것이다. 이후 부산 톨게이트와 같이 정해진 목적지에 도착하면 도착지 기사들이 다시 트럭을 몰고 최종 목적지로 이동하는 것이다.

이와 같은 방식의 이동은 비교적 주행 환경이 단순하고 일관성이 높은 고속 도로를 이용하고, 출발 및 도착지도 명확하기 때문에 일반적인 자율 주행 택시보다는 구현하기 쉬운 이점을 가지고 있다. 즉, 군집 주행 기술이 적용되면, 뒤에 따라오는 트럭들은 복잡한 도로 상황이나 교통 상황, 장애물들에서 훨씬 자유롭고 단지 앞차들을 충실히 너무 가깝지도 멀지도 않게 따라가면 되기 때문에 기술적 난도가 훨씬 쉬워진다. 이런 기술을 활용하면 여러 트럭을 한 명의 운전자가 한 번에 운행하는 효과를 얻어 운송비를 크게 절감할 수 있다. 더구나, 이처럼 트럭들이 붙어서 주행하면 공기 저항도 적어져 연비 절감 효과까지 기대할 수 있다고 한다. 화석 연료를 적게 쓰므로 더욱 친환경적인 기술이기도 하다.

트럭의 군집 주행 기술은 자율 주행에 꼭 필요하면서도 더 실현이 용이한 AI 기술이므로 자율 주행 승용차보다는 훨씬 빨리 개발되고 있으며, 여러 국가에서 시험 주행을 수행하고 있다. 특히, 이 기술은 AI 기술과 트럭이 수집하는 시각 또는 청각 데이터들을 적극적으로 활용해야 하는 첨단 기술이다.

이런 기술이 실현되면 우리가 다니는 고속 도로의 한 차선이 군집 주행 트럭을 위한 차선이 되고, 많은 자율 주행 트럭들이 꼬리를 물고 주행하는 모습을 볼 수 있을 것이다. 군집 주행 기술은 육상 운송의 대부분을 차지하는 트럭 화물 물류 비용도 크게 절감할 수 있기 때문에, 그동안 상대적으로 비용이 많이 드는 트럭 물류 시스템에 큰 변화를 가져올 것으로 보인다. 이런 이유로 트럭 군집 주행 시장은 2024년부터 2029년까지 연평균 22.25%씩 성장해 2029년에는 17.9억 달러에 이를 것으로 예상되기도 한다(Mordor Intelligence, 2018).

다만, AI 기술 외에 트럭의 군집 주행을 위해 해결할 법 제도적 이슈들이 아직 많아 있다. 예를 들어, 자율 주행 카메라의 개인 프라이버시 문제, 자율 주행 차의 사고 시 보험 책임 문제 등 대부분의 법 제도 문제는 자율 주행 승용차에서 동일하게 적용되기 때문에 이러한 제도들이 먼저 정비되면 자율 주행 자동차 도입에도 도움이 된다. 예를 들어, 그동안 한국의 자율 주행 시범 운행 지구는 관할 시도지사 신청에 따라 지정되어, 고속 도로와 같은 여러 시도를 걸치는 광역 노선을 시험하기는 어려운 면이 있었다. 이러한 규정은 다행히 하나씩 개정이 되고 있으며, 현재는 국토부가 이러한 광역 노선을 지정할 수 있게 되었다(국토교통부, 2024).

가까운 미래에 경부 고속 도로 일부 차선에서 트럭이 줄지어 주행하는 것을 곧 보게 될지도 모른다. 어쩌면 군집 주행 트럭들의 운전석을 직접 보지 않는다면 그저 트럭 운전사들이 줄지어 운행하는 것으로 보일수도 있다. 이렇게 우리 주변에 무인으로 줄지어 다니는 트럭을 보게 된다면, 이제 시범적인 서비스가 아니라 서울 시내와 같이 복잡한 도로에서도 자율 주행 택시 서비스가 등장할 날이 가까이 왔다고 생각해도 좋다.

참고문헌

국토교통부(2024.7.9). 고속도로에 자율주행 화물차 달린다…시험운행지구 지정 추진. https://www.korea.kr/news/policyNewsView.do?newsId=148931246

Meyer, D.(2024). How Waymo steered to the fron of the pack and made self-driving taxis a reality. *Forbs.*

McKinsey & Company(2018.12.10). Autonomous trucks disrupt US logistics. https://www.mckinsey.com/industries/travel-logistics-and-infrastructure/our-insights/distraction-or-disruption-autonomous-trucks-gain-ground-in-us-logistics

Mordor Intelligence(2018). Truck platooning market size & share analysis – Growth trends & forecasts(2025-2030).

https://www.mordorintelligence.com/industry-reports/truck-platooning-market

07
3D 프린터로 버추얼 물류를 만드는 AI

전쟁 중 트럭이나 탱크와 같은 장비가 갑작스레 고장 나면 어떻게 수리할 수 있을까? 보급 부대에서 부품을 가지고 있는 고장이라면 즉시 수리할 수도 있다. 하지만 전장에서 수많은 부품을 모두 보유하고 다니기는 어려운 법이다. 미군은 이미 몇 년 전부터 직접 갖고 있지 않은 부품의 교체가 필요한 경우 3D 프린터로 바로 부품을 제조하는 방법을 개발했다. 직접 부품을 옮기지 않으면서도 원활하게 부품을 수급하는 버추얼 물류도 AI 기술의 발전과 함께 더욱 확산되고 있다.

AI와 운동주?

미군의 3D 프린터를 사용한 부품 교체

미 육군은 2019년부터 M113 장갑차의 부품을 조달하는 유지 보수 업무에 3D 프린터를 활용하기 시작했다. 이러한 경험을 바탕으로, 미 육군의 국방 과학 연구소(Army Research Laboratory)는 3D 프린팅으로 고강도의 예비 부품들을 생산하는 기술을 개발해, 전장에서 장갑차의 부품을 바로 조달할 수 없는 경우에도 현지에서 3D 프린터로 부품을 제조해 정품 부품이 도착하는 동안 활용하거나, 때로는 정품 부품을 완전히 대체하는 유지보수에 활용하고 있다(Brading, 2020)

비슷한 사례는 미 해군과 공군에서도 찾을 수 있다. 미 해군은 10개 이상의 항공 모함 전단을 운영하고 있으며, 각 항공 모함은 80여 개의 최신 함재기를 탑재해 운용하고 있다. 항공 모함의 탑재기는 이륙 및 착륙 시 항공 모함 갑판의 짧은 활주 거리를 최대한 활용하기 때문에 기체에 큰 충격이 전해질 수밖에 없다. 그중에서도 가장 큰 충격이 전해지는 부품 중 하나는 비행기의 이착륙용 바퀴와 타이어다. 대부분의 비행 시간 동안 바퀴는 전혀 활용되지 않지만, 이착륙 시간에 주는 충격 때문에 항공 모함 함재기들의 타이어와 휠을 포함한 바퀴는 자주 교체해 최상의 상태를 유지할 필요가 있다. 적절한 시점에 교체해 주지 않는다면, 항공기의 안전한 이착륙을 보장할 수 없기 때문에 보수적으로 빈번하게 교체할 수밖에 없다. 이러한 타이어와 휠은 상당한 무게와 부피를 차지해 항공 모함의 적재 공간과 무게를 크게 점유할 뿐만 아니라, 교체에 소요되는 비용도 상당하다. 미 해군 함재기 슈퍼 호넷은 연간 166개의 타이어와 휠을 소모하는데, 이 비용은 약 1660만 달러에 이를 것으로 추정된다(sundin13, 2024). 항공 모함에는 이런 고가의 유지 보수 장비들이 다수 적재되기 때문에 항공 모함의 부품 조달 물류에 큰 비용과 무게 및 부피 부담을 유발한다.

최근 미 해군은 이러한 무게와 부피, 그리고 비용 부담을 절감하기 위해 3D 프린터를 사용한 유지 보수를 연구하고 있는 것으로 알려져 있다. 3D 프린터를 사용해 비행기와 휠에 생기는 미세한 균열이나 손상 등 바퀴의 교체를 유발하는 요소들을 미리 보강해 바퀴의 수명을 늘리는 것이다. 즉, 3D 프린터를 사용해 타이어와 휠의 실제 부품 소요를 줄일 뿐만 아니라 비용도 크게 절감할 수 있을 것으로 기대된다. 더구나, 그동안 휠이나 타이어가 차지하던 공간을 다른 무기나 중요 물자를 싣는 데 사용할 수 있기 때문에 항공 모함에서 그 가치는 더욱 커진다.

미 국방부도 3D 프린터를 통한 군대 내 물류의 효율성 증대에 지속적인 관심을 보이고 있다. 미 국방부는 군대의 임무 수행에 필요한 핵심 영역 및 조력자로서 3D 프린팅을 사용하는 것을 권장하고 있다. 이는 예기치 못한 환경 변화로 보급이 차단되었을 때도 각종 군수품들이 제 성능을 내도록 하는 데 큰 도움을 주기 때문이다. 이러한 환경 변화는 전쟁 상황뿐 아니라 전염병이나 환경 재해 등의 경우에도 동일하게 적용될 수 있다. 3D 프린터의 활용 범위는 전투 차량의 제조에서부터 콘크리트 벙커, 비행기 부품들을 비롯해 전쟁 중 군인이나 예비역들에게 사용할 치과 보철물 및 치과 도구 등에도 폭넓게 활용할 수 있다(KOTRA, 2022).

3D 프린터와 버추얼(가상) 물류

하지만 3D 프린터만 도입한다고 해서 바로 부품들을 생산할 수 있는 것은 아니다. 우선 3D 프린터는 다양한 재료를 사용할 수 있기 때문에 실제 현장에서 원하는 재질 및 강도를 만족할 수 있는 원재료를 찾아야 한다. 재료를 찾는다고 바로 제조가 가능한 것도 아니다. 대부분의 부품은 정밀한 도면에 따라 제조해야 원활히 역할을 수행할 수 있기 때문에 3D로 제조할 수 있도록 기존 부품 도면의 해석과 제어가 필요하다(박영숙, 2021).

여기에 더해, 이러한 도구들은 전문가가 아닌 현장의 군인들도 쉽게 사용할 수 있도록 범용성 및 사용성을 확보할 필요도 있다. 즉, 3D 프린터에 사용되는 재료의 배합이나 설계도의 전송 및 활용은 전문가들의 손길 없이 마치 일반 프린터를 설치하듯 컴퓨터와 연결만 되면 자동으로 진행되는 것이 가장 쉽다. 하지만 3D프린터는 아직까지 일반적인 브랜드나 드라이버의 통일이 이루어져 있는 것이 아니기 때문에 어떤 브랜드와 기종을 사용하는지에 따라 완성품의 구조와 특징이 달라질 수 있다. 그리고 아직 PC와 쉽게 자동으로 연결되기보다는 각 기기의 특성에 따라 세밀한 조정이 필요한 것이 대부분이다.

더욱 중요한 것은 3D 프린터가 군수 물류에서 더 큰 역할을 수행하기 위해서는 각 부품들의 특성에 맞춰서 변형이 가능한 3D 프린터 원료 물질의 개발이 필요하다. 다만, 수많은 재료의 조합 중 가장 적절한 조합을 찾는 것은 매우 어려운 일이다. 또한 전문가나 엔지니어의 도움 없이 전장에서 군인들만으로 3D 프린터만 있으면 2D로 된 부품의 도면을 해석해 쉽게 3D 프린터에 제조를 맡길 수 있도록 하는 것도 어렵다. 이러한 기능들을 도와

주기 위해 인공지능 기술이 속속 개발되고 있다. 예를 들어, 최근에는 3D 프린터가 다양한 센서와 제어 기술을 탑재해 제조 중 결함 발생을 AI 알고리즘을 이용해 스스로 감지하고 작업자에게 알릴 뿐 아니라, 스스로 여러 공정 변수 제어를 시도해 보면서 최적의 조건을 찾도록 개발되고 있다(이병구, 2024). 이러한 기능이 확산된다면 또한 초보자가 제조 기업에서 쉽게 활용 가능하게 될 것이다.

우선 3D 프린터의 신소재를 찾는 연구들은 대부분 컴퓨터 시뮬레이션을 토대로 물성을 파악해 실제로 실험하는 횟수를 줄이고 비용 및 시간을 절감하고 있다(허석진, 2023). 이처럼 물류와는 거리가 먼 재료나 신소재 분야의 인공지능 기술 적용이 물류 분야에 큰 변화를 일으키는 기술을 제공할 수 있다. 특히, 3D 프린팅을 위한 금속 소재의 개발이 인공지능 기술을 통해 앞당겨진다면, 공급망의 부품 품절로 인한 위험도 상당 부분 대처가 가능해진다. 덤으로 기존의 피지컬 물류 시스템이 가지고 있는 시간 및 공간의 한계까지 3D 프린터는 모두 극복할 수 있다는 장점도 가지고 있다. 금속 3D 프린팅은 군용 차량, 항공기 등에 폭넓게 활용 가능하지만, 3D 프린터의 적층 제조 기술로 충분한 충격 흡수력과 강도를 지니도록 만들기에는 많은 어려움이 있었다. 그렇기 때문에 군사 장비에도 쉽게 활용할 수 있는 금속 3D 프린팅 기술에 대한 개발이 지속적으로 이루어지고 있다.

버추얼 물류가 바꾸는 미래 물류

앞으로 인공지능 기술의 발달에 따라 3D 프린팅을 이용한 버추얼(가상) 물류 기술은 실제 피지컬 물류 시스템을 일부 대체하면서 더욱 빠르게 발전할 것으로 기대된다. 가까운 미래에는 쿠팡이나 아마존에서 온라인으로 제품을 구매해 배송시키는 것과 비슷하게 온라인으로 제품의 제조 레시피(recipe)를 구매해 집에서 3D 프린팅을 통해 직접 제조해 사용하는 시대가 열릴 수 있는 셈이다.

버추얼 물류를 통해 새벽 배송이나 한 시간 배송보다 더 빠른 즉시 배송 또는 순간 배송이 가능해질 수도 있다. 이를 위해서는 사용하기 쉽고 다양한 소재를 이용해 제조할 수 있는 3D 프린터의 보급이 필요하다. 다양한 재질의 특성에 맞게 조정하는 3D 프린터 원료의 개발에는 AI 기술이 큰 도움을 줄 것으로 기대된다. 버추얼 물류가 도입된다면 우리의 일상에서도 온라인 결재, 온라인 배송이라는 새로운 형태의 온라인 거래나 서비스가 가능하므로 물류 서비스의 정의부터 기본 형태까지 큰 변화가 일어날 것이다.

참고문헌

KOTRA(2022.5.22). 3D 프린팅, 방산에 주요 기술로 등장. https://dream.kotra.or.kr/dream/cms/news/actionKotraBoardDetail.do?SITE_NO=2&MENU_ID=3550&CONTENTS_NO=1&bbsGbn=243&bbsSn=243&pNttSn=194084

Sundin13(2024.5.15). 교체냐 수리냐? 3D 프린터 기술발전속도[FA-18 슈퍼호넷 바퀴 이슈]. https://blog.naver.com/sundin13/223447262325

박영숙(2021.2.23). 미군이 드디어 3D프린터를 대량으로 사용하기 시작하였다. AI넷, https://www.ainet.link/2456

이병구(2024.12.30). 장비 스스로 결함 개선...AI 기반 금속 3D 프린팅 제어 기술. ≪동아사이언스≫, https://m.dongascience.com/news.php?idx=69255

허석진(2023.10.17). 세상에 없는 첨단 신소재, 컴퓨터로 미리 보세요. ≪동아일보≫. https://www.donga.com/news/It/article/all/20231006/121549613/1

Brading, Thomas(2020. 3. 31). 3D Steel printing at forefront of modernaization, readiness, US Army News. https://www.army.mil/article/234017/3d_steel_printing_at_forefront_of_modernization_readiness

08
공급망의 위험을 관리하는 AI

포드 자동차의 인기 모델 픽업 트럭에서 제조를 모두 끝낸 자동차가 차량의 앞부분 그릴에 부착하는 로고 엠블럼이 부족해 판매에 제동이 걸리는 사태가 발생했다. 공급망의 각종 부품 수급 불확실성에 따른 제품 생산 차질은 공급망 위험 관리의 중요성을 잘 보여 준다. 수만 개의 기업들이 복잡한 네트워크를 이루고 협업하는 공급망에서 어떤 위험이 자사에 미치는 영향을 파악하는 것은 매우 어려운 일이다. 체계적으로 기업이 처한 위험을 파악하고, 한정된 자원을 최대한 효율적으로 위험 관리에 활용하기 위해 AI 기술들이 활용되고 있다.

AI와 한의학?

로고가 없어 차를 못 판 포드 자동차

2022년 미국의 대표적인 자동차 제조사인 포드 자동차는 예상치 못한 부품 부족으로 판매에 제동이 걸렸다. 제조를 끝난 자동차들이 판매되지 못하고 서 있었던 이유는 자동차의 앞쪽 그릴에 부착하는 포드 로고 마크가 적힌 엠블럼이 도착하지 않아서였다. 로고 엠블럼 제작업체가 생산 중 발생한 화학 물질을 정화하지 않고 하수구에 흘려보내다가 문제가 되면서 가동이 중단된 것이었다(김현경, 2022).

차량을 다 제조하고도 로고 때문에 판매를 하지 못하게 된 포드 자동차는 비상이 걸렸다. 포드는 임시방편으로 로고 엠블럼을 급하게 제조해 줄 회사를 찾았으나 금속으로 된 로고를 수일 내에 제조할 수 있는 회사는 없었다. 이에 포드사는 임시로 3D 프린팅 기술을 활용해 급한 대로 로고를 제조한 뒤, 추후 정식 로고가 생산되면 교체하는 방안도 검토하기에 이르렀다. 하지만 아직 3D 프린팅은 플라스틱 소재에만 널리 활용되고 있었고, 금속제의 결과물은 품질이 그렇게 좋지 않았다. 따라서 이마저도 포기한 포드는 결국 판매에 제동이 걸리게 된다.

이처럼 제조 기업은 수많은 부품들이 모여 하나의 완성품을 조립하는 과정에서 수많은 부품 수급의 위험에 직면하고 있다. 특히 자동차는 약 2만 개에 달하는 엄청난 수의 부품들을 조립해 한 대의 완성 차를 제조하고 있다. 여기서 로고 엠블럼이나 차량용 반도체와 같이 단가 자체는 비싸지 않지만, 없으면 차량을 판매할 수 없거나 쉽게 대체할 수 없는 부품들도 상당수 있다. 문제는 이러한 부품들의 수급 불균형을 대비하기 위해 부품 재고를 보유하는 경우 이를 보관해야 한다는 것이다. 창고 공간만이 문제가 아니다. 엄청난 수의 부품들이 창고에 쌓여 있다면 제조 기업에서는 상당한 현금이 창고에서 잠자고 있는 것이나 다름없다. 일례로 국내 대표적인 자동차 기업에서 모든 부품 재고를 1년 치 보유하는 비용을 계산한 결과 1조 원 또는 그 이상의 금액이 소요될 것으로 나왔다고 한다. 또한 수입 자동차의 부품을 국내에 공급하는 중견기업에서는 월 매출의 약 네 배에 해당하는 재고를 보유하고 있다고 한다(엄지용, 2021).

공급망 위험 관리를 위한 AI 기술

공급망의 수급 불확실성은 타격이 발생해도 엄청난 비용이 발생하지만, 이것을 예방하는 데도 상당한 비용을 감수해야 하는 것이다. 따라서 주어진 예산하에 가장 효율적으로 공급의 불확실성을 제어하는 체계적인 관리기법이 꼭 필요하다. AI 기술은 공급망의 불확실성에서 나오는 위험 관리의 효율성을 높이는 데 큰 기여를 할 수 있다.

공급망의 위험 관리를 체계적으로 하기 위해서는 먼저 제조 기업이 각 부품마다 지출하는 비용의 크기를 차량의 가격이나 가치에 비교하는 분석이 필요하다. 이러한 분석에 빅 데이터 분석의 군집화 기법을 사용하면 몇 가지 그룹으로 부품들을 묶어 줄 수 있다. 이러한 그룹들 중에서 상대적으로 차량의 가치에 크게 기여하는 부품들 가운데 현재 충분히 비용을 지출해 보관하고 있지 않는 부품군을 찾아낼 수 있다면, 기업은 보다 집중적으로 공급망 불확실성을 관리하기 위해 투자해야 하는 부품 집합을 선별해 낼 수 있다. 반대로 차량의 가치에 크게 기여하지 않지만 지출 규모가 큰 집합을 찾아낸다면 상대적으로 투자의 지중을 줄여야 하는 그룹을 찾아낼 수도 있다. 실제로 포드사는 이미 이러한 기법을 수행해 중요도에 비해 투자가 부족한 부품 제조업체를 수백 개 이상 새롭게 발견할 수 있었다(Snyder & Shen, 2019). 포드사와 같은 대형 자동차 제조 기업이 공급받는 기업은 수만 개에 달하므로 이러한 기업들을 일일이 사람의 손으로 관리하거나 직접 찾아다니면서 조사하는 것에는 막대한 시간과 비용이 들 수밖에 없으며, 데이터들을 보고 관리하기도 어렵다. 따라서 이런 빅 데이터의 군집화 분석 기술들은 공급망 위험 관리를 효율적으로 만들어 주는 대표적인 AI 기법이다. 이 기법을 사용해 비용과 효과라는 요소에 의해 중요도에 맞는 비용을 지출했는지를 측정하고, 비슷한 중요도의 기업에 지출하는 비용을 효과적으로 관리할 수 있는 것이다.

공급망 위험 관리의 중요성과 파급 효과

공급망의 위험 관리를 위해 기업들은 다양한 데이터를 수집하고 있다. 특히, 코로나19로 인한 생산 차질을 경험한 기업들은 자신의 공급망에 속한 기업들에서 생기는 생산 차질이 불러오는 문제를 미리 예측하는 것에 큰 관심과 투자를 기울이고 있다.

하지만 자동차나 조선, 화학 등 우리나라의 주력 산업들은 모두 수많은 작은 기업들이 특정한 부품을 맡아서 생산하는 방식을 지니고 있고, 이들이 수많은 계층을 이루고 있기 때문에 한 기업에서 이런 정보들을 모두 파악하는 것은 매우 어렵다.

일례로 코로나 직후에 발생한 요소수 사태를 살펴보면 신속한 대응이 어려운 이유를 알 수 있다. 2019년 한국은 유독 다른 나라에 비해 요소수 부족 사태를 크게 겪었는데, 디젤 차량의 운행 대수가 상대적으로 많기도 하지만 대부분의 원재료를 중국에 모두 의존한 영향도 있었다(류종은, 2021). 요소수는 디젤 자동차들의 배기가스를 정화하기 위해 꼭 필요한 첨가물이며, 이 때문에 환경 규제에 맞추기 위해 디젤 자동차는 요소수 없이는 운행할 수 없도록 프로그램되어 있다. 그러나 요소수는 자동차의 연료 첨가를 목적으로 생산하는 것이 아니라 석탄 생산의 부산물로 나오고 있어 그 생산 과정을 모니터링하거나 통제하기 어렵다. 실제 요소수 사태는 중국에서 석탄 및 석탄 가공물 수출 관련 규제를 시행하면서 발생했으며, 애초 목적이 요소수 자체를 통제하려고 한 것이 아니었기 때문에 이 조치의 파급 효과를 조기에 파악하기 어려워 대응이 늦어질 수밖에 없었다(송충현 외, 2021).

어처럼 공급망의 위험 관리는 한 기업이 수행하기 어려울 정도로 방대하며, 때로는 국민의 생활에 밀접한 영향을 끼치고 있다. 따라서 정부도 이러한 문제점을 인식하고 있으며, 우리 국민 및 주요 산업에 꼭 필요한 전략 자원을 비축하고 관리하기 시작했다. 이때 어떤 제품을 선정할 것인가와 얼마나 비축할 것인가, 두 가지 어려운 의사 결정을 해야 한다. 전자는 우리 정부에서는 핵심 산업의 기업인들을 대상으로 조사를 실시해 핵심 부품 100개를 파악하는 등의 방법을 통해 선정이 가능하다. 하지만 각 제품을 얼마나 비축할 것인가는 설문 조사와 같은 방법으로는 정하기 어렵다. 비축을 많이 할수록 위험에 대비하는 능력은 커지지만, 그만큼 비용이 증가하게 된다. 따라서 적절한 비축량은 미래에 발생할 위험의 크기와 발생 빈도를 예측하고, 비축에 따른 비용을 고려한 정량적 분석을 거치는 것이 필요하다. 이렇게 수요 공급의 불확실성에 기반한 정량적 의사 결정은 재고 관리 또는 재고 최적화 기법을 활용하면 합리적으로 할 수 있다(서용원 외, 2019).

최근에는 이런 의사 결정에 인공지능 기법을 적용해 적절한 비축량을 계산하는 재고 최적화 기법들이 연구되고 있다. 이러한 기법은 알고리즘을 통해 어떤 품목을 얼마나 비축할 때 어떤 결과가 나올 것인가에 대한 데이터를 입력한 후 스스로 적절한 양과 품목을 찾도록 학습시키며, 주로 강화 학습 기법을 사용한다. 이러한 기법들은 미래 수요의 예측을 별도로 수행할 필요 없이, 바로 수요 데이터와 재고 의사 결정의 관계를 학습하기 때문에 에러의 발생 소지가 적다는 장점이 있다. 반면, 세부적인 재고 의사 결정을 이해해 강화 학습 알고리즘에 적용해야 원하는 성과를 얻기 쉽기 때문에 구현이 그만큼 복잡하고 어려운 면도 있다. 하지만 이러한 어려움에도 불구하고 장점이 크기 때문에 향후에도 공급망의 위험 관리에서 AI 기법이 적용될 분야는 더욱 확대될 것으로 기대한다. 이를 통해 우리의 산업뿐 아니라 실생활에서도 불편함을 미리 예방할 수 있을 것이다.

참고문헌

김현경(2022.9.24). 상상도 못한 '부품대란'…포드 '엠블럼'없어 차 못판다. ≪한국경제≫, https://www.hankyung.com/article/2022092433265

류종은(2021.11.3). 왜 '요소수 품귀' 유독 한국만 심각할까..."뒤통수 제대로 맞았다". ≪한국일보≫, https://www.hankookilbo.com/News/Read/A2021110309300001581

서용원 외(2019). 『공급사슬관리(개정판)』. 생능출판사

송충현 외(2021.11.11). 요소수 '급한 불'을 껐지만...98% 중 의존 못바꾸면 제2사태 우려. ≪동아일보≫, https://www.donga.com/news/Economy/article/all/20211111/110186109/1

엄지용(2021.3.15). 벤츠, BMW 부품을 '적시 공급' 하기 위해 필요한 것, 바이라인네트워크, https://byline.network/2021/03/15-113/

Snyder, Lawrence & Shen, Zou-jun Max(2019). *Fundamentals of Supply Chain Theory*, Wiley.

09
고객과 배달원을 매칭하는 AI

배민, 쿠팡이츠, 요기요 등 대한민국은 배달 앱들이 가장 성공적으로 시장 규모를 키우고 서비스하는 국가 중 하나다. 또한 배달 속도도 경이롭게 빨라 대부분 몇십 분 또는 한 시간 안에 주문한 음식을 모두 배송하게 된다. 이러한 신속 배달이 가능하려면 배달 서비스를 제공하는 기사와 음식점, 그리고 고객의 주문을 신속하게 연결하는 매칭 기술이 필수다. 현재 시장에서는 점유율을 확대해 고객 데이터를 먼저 확보한 후 AI 기술에 기반한 학습을 통해 시장 지배력을 강화하려는 각 플랫폼들이 사투를 벌이고 있다.

AI와 화장품?

음식 배달 플랫폼이 직면한 도전들

배민, 쿠팡이츠, 요기요, 등등의 배달 플랫폼들은 모두 배달원의 배달 수수료(배달 수당)을 인공지능 알고리즘을 통해 결정하고 있다. 기본적으로 배달 수당은 배달 거리와 배달 수요를 감안해 결정되는 것으로 알려져 있다. 다만, 구체적으로 이 인공지능 알고리즘들이 어떻게 배달 수당을 결정하고 배달을 제대로 완료하지 못하는 경우의 벌칙은 어떻게 부과하는지에 대한 결정 구조는 정확히 공개되어 있지 않다. 실제로 음식 배달 수당은 배달 상황에 따라 할증과 할인 상황이 실시간으로 변하고 그 변동 폭도 커서, 같은 거리당 배달료가 최대 28.72%나 변하는 것으로 나타났다(신상호, 2022).

음식 배달 플랫폼은 기본적으로 변동의 폭이 크고 완료 시간이 매우 짧은 고객의 배달 수요를 만족해야 하는 만큼 수당의 변동 폭이 클 수밖에 없다. 더군다나 매 시간 변하는 배달원의 공급량도 고려해 배달 주문을 연결하고 배달을 완료해야 하기 때문에, 배달 플랫폼은 변화하는 고객 수요와 변화하는 배달원의 수라는 두 개의 움직이는 과녁을 맞혀야 하는 셈이다. 여기에, 배달 업무는 음식점의 조리 시간과 음식점과 배달원 사이의 거리라는 복잡한 조건이 하나 더 추가된다. 즉, 음식의 조리가 완료되는 순간과 거의 맞춰서 주변의 배달원이 음식점에 도착해 음식을 가져갈 수 있어야 정해진 시간 안에 배달을 완료할 수 있고, 음식의 질도 보장할 수 있다.

배달 플랫폼은 이러한 고객 수요와 배달원의 공급에서 발생하는 변동성에 대응해야 하며, 다른 배달 플랫폼보다 안정적으로 고객에게 음식을 배달할 수 있어야만 고객의 선택을 계속 받을 수 있고, 고객의 주문이 충분히 확보되어야만 배달원들도 우선적으로 해당 플랫폼을 선택할 이유가 생긴다.

배달 플랫폼과 비슷한 서비스로 고객과 택시를 연결하는 플랫폼을 들 수 있다. 현재 택시 연결 서비스는 카카오택시가 시장 점유율이 가장 높은데, 그 이유는 고객 입장에서 가장 많은 수의 택시를 검색할 수 있고, 택시기사 입장에서도 가장 많은 수의 고객을 검색할 수 있기 때문이다. 음식 배달 플랫폼도 이와 비슷하게 시장 점유율이 높아질수록 고객과 배달원들이 더욱 많이 이용하게 되는 구조인지라 음식 배달 플랫폼들은 카카오택시와 같이 시장 점유율을 높여 지배적인 사업자가 되기 위해 고객에게는 낮은 배달료를 청구하고, 배달원에게는 높은 수당을 제시하고 있다.

이 때문에 대부분의 음식 배달 플랫폼들은 초창기에

큰 적자를 보면서도 고객과 배달원들에게 유리한 수수료를 부과하는 정책을 취하게 된다. 예를 들어, 배민보다 후발 주자로 출발한 쿠팡이츠는 초기에 배달료를 무료로 제공했으며, 최저 주문 금액도 없는 단건 배달을 제공했다. 이 결과 쿠팡이츠를 운영하는 쿠팡의 영업 손실은 2020년에만 무려 6144억 원에 이른다. 시장의 선발 주자인 배민의 우아한형제들조차도 2020년에는 112억 원의 적자를 낼 정도로 초기 배달 플랫폼의 시장은 출혈 경쟁이 거세게 일었다(김지우, 2021).

음식 배달 플랫폼의 인공지능 알고리즘

음식 배달 플랫폼들은 수요와 공급에서 발생하는 변동을 효과적으로 관리하기 위해 빠르고 효과적으로 고객의 주문과 배달원을 매칭할 필요가 있다. 즉, 고객이나 음식점이 지불하는 수수료를 너무 높지 않게 유지해야 하면서도, 배달원이 빠르게 매칭될 수 있도록 충분히 높은 배달 수당을 지급해야 하는 어려운 문제를 풀어야만 한다. 한두 명의 배달원이나 고객을 상대하는 것이라면 이런 문제는 그렇게 어렵지 않게 경험에 의존해 결정하거나 간단한 몇 가지 규칙을 정해 대응할 수 있으며, 어느 정도 규모가 커지더라도 인공지능의 기능 없이 최적화 기법을 활용해도 효율적인 의사 결정이 가능할 수 있다. 필자의 연구 팀에서도 전통적인 최적화 방법과 문제 상황에 맞는 맞춤형 기법들을 개발해, 음식 배달 플랫폼이 배달원들을 확보하기 위해 배달 수당을 변화시키고, 또한 고객의 주문량을 조정하기 위해 고객에게 청구하는 배달료도 동시에 변화시켜 배달 플랫폼의 이익을 최적화하는 전략을 도출할 수 있음을 보인 바 있다(Seo et al., 2024). 하지만 이런 연구에서 도출한 최적화 알고리즘들은 문제의 상황이 바뀌는 경우 적용이 어려운 단점이 있다. 경우에 따라서는 문제의 상황이 조금만 바뀌어도 알고리즘을 처음부터 다시 개발해야 하는 상황도 생길 수 있다.

또한 전통적이 최적화 방법을 사용하기 위해서는 고객의 음식 배달 주문이 특정한 요일이나 시간에 어떤 형태로 변하는지에 대한 배달 수요 예측이 먼저 수립되어야 한다. 예를 들어, 금요일 저녁에는 오후 5시부터 8시까지의 저녁 시간에 주문량이 폭주해 월요일~목요일 평균 주문량의 두 배가 된다는 등의 정보를 미리 알고 있어야 수월하게 최적화 기법을 사용할 수 있다. 하지만 고객의 주문이 늘 같은 요일이나 시간에 비슷한 형태를 띨 수는 없으며, 특히 음식 배달의 경우 날씨에 의해서 수요와 공급이 크게 변하기도 한다. 만약, 비가 오는 날이라면 고객들은 굳이 비를 맞으며 나가기 싫기 때문에 더욱 빈번하게 음식 배달 플랫폼을 통해 배달 주문을 할 것이다. 반대로 비가 오는 날일수록 오토바이를 이용하는 배달원들은 도로가 미끄러워져서 위험하기 때문에 오히려 배달을 기피해 더욱 적은 수의 배달원들이 참여하는 경향이 있다.

이처럼 과거의 데이터만 참고해 파악하기 어려운 날씨나 특정 이벤트 등이 음식 플랫폼의 고객 주문과 배달원 수에 미치는 영향을 모두 이해해 예측 모형을 만드는 것은 무척 어렵다. 따라서 AI 모형과 빅 데이터 분석 기법을 결합해 각종 날씨나 이벤트들의 영향을 학습시키는 방향으로 활용되고 있다. 특히, 머신 러닝 방식의 인공지능 기법들이 이런 예측에 널리 활용되고 있으며 좋은 성과들이 많이 보고되고 있어, 수요 예측에서 머신 러닝 기반의 알고리즘들은 반드시 검토해야 하는 대안이 되고 있다.

또한 배민이나 쿠팡이츠는 하루에도 수십만 건의 고객 주문을 모두 배달원에게 성공적으로 할당해야 하며, 이러한 큰 규모의 매칭을 효율적으로 달성하기 위한 배달 수당의 설정에는 기존의 최적화 방법보다 데이터를 학습해 최선의 의사 결정을 찾는 방식인 강화 학습 등의 AI 기법이 더욱 효과가 좋을 것으로 기대된다. AI를 통한 배달 수당의 설정은 일단 처음 구축은 어렵지만 향후 큰 확장성을 지니게 된다. 인공지능 알고리즘은 기본적으로 과거의 데이터를 통해 최적의 의사 결정이 어떤 것인지 학습하는 과정을 거치게 된다. 따라서 배달 플랫폼의 규모가 커지면서 시장에서 더 많은 고객의 주문 데이터를 확보하게 되면 자연스럽게 인공지능이 더욱 많은 학습을 수행할 수 있게 되고, 더욱 좋은 성능을 가질 수 있게 된다.

앞에서 음식 배달 플랫폼의 특성상 초기에 시장에 정착해 많은 고객과 배달원을 확보하는 것이 중요해 배달 플랫폼 기업들이 큰 적자를 감수하고 있음을 설명했다. 이러한 적자는 시장의 초기 진입 비용으로 인식되기도 하지만, 향후 인공지능 기술을 활용하는 운영이 더욱 확대된다면 시장 점유율은 곧 인공지능 기술 학습의 핵심인 데이터 확보를 위한 과정으로 인식될 수도 있다. 즉, 초기의 적자는 인공지능에게 더욱 많은 학습을 할 수 있도록 하는 데이터의 확보 비용이 되기도 하는 것이다. 일단 데이터가 충분히 확보된다면 인공지능을 통한 고객 주문과 배달원의 매칭은 더욱 효율적으로 이루어지게 되기 때문에 시장에서 확실한 경쟁력을 지니게 된다. 따라서 당분간 시장에서 충분한 규모로 성장하기 위한 배달 플랫폼들 간의 전쟁은 더욱 확대될 것이며, 이와 동시에 현재도 많은 투자가 이루어졌지만, 앞으로는 더욱 인공지능 기술에 대한 투자가 늘어날 것으로 기대된다. 이러한 투자는 시장의 지배 사업자가 나올 때까지 계속될 것이며, 그에 따라 어떤 기술들이 새로 도입되는지 흥미를 가지고 지켜볼 필요가 있다.

참고문헌

김지우(2021.9.10). 배민 vs 쿠팡이츠, 적자에도 단건배달발 기약 없는 치킨게임. KPI뉴스, https://www.kpinews.kr/newsView/179547763966245

신상호(2022). "월급은 AI가 준대요" 배달노동자의 보이지 않는 사장님의 정체. 오마이뉴스, https://www.ohmynews.com/NWS_Web/View/at_pg_gp.aspx?CNTN_CD=A0002876589

Seo, Yooseok., et al.(2024). Pricing and wage decisions for on-demand food delivery platforms with multiple customer types and courier modes. Available at SSRN 5033986. https://papers.ssrn.com/sol3/papers.cfm?abstract_id=5033986

10
전동 킥보드 서비스의 배치 최적화 AI

전동 킥보드는 어떻게 내가 타고자 하는 위치에 알아서 서 있을까? 고객의 수요를 분석해 최적의 장소에 전동 킥보드를 배치하고, 항시 적절한 수준으로 전동 킥보드를 충전해 관리하는 기술은 서비스하는 기기의 대수가 증가하면 매우 복잡한 문제다. AI 기술은 전동 킥보드 서비스 기업들이 복잡한 배치 및 충전 문제를 효율적으로 관리하는 데 큰 도움을 줄 수 있다. 특히, 고객 데이터가 늘어나면서 학습에 강점을 지닌 AI 기술들의 역할이 더욱 커질 것으로 기대된다.

종교와 AI?

전동 킥보드의 부상

전동 킥보드는 지하철이나 버스 등이 해결해 주지 못하는 집까지 가는 마지막 코스를 도와주는 편리한 기기다. 우리는 매번 지하철이나 버스를 내릴 때마다 서 있는 전동 킥보드를 보고 편하게 이동하고 싶은 유혹을 느낀다. 특히, 언덕이나 경사진 길을 올라가야 하는 경우 전동 킥보드는 편리한 대안을 제시해 준다. 또한 집에서 걸어가기는 약간 멀지만 택시나 버스를 타기는 애매한 거리를 이동하는 경우에도 전동 킥보드는 빠르고 편리하게 이용할 수 있는 교통수단이기도 하다.

전동 킥보드가 편리한 이유는 내가 원하는 곳에서 이용한 후 내가 원하는 곳에 세워 둘 수 있기 때문이다. 이는 자동차나 버스 지하철, 자전거 등 어떤 교통수단도 제공해 줄 수 없는 전동 킥보드 서비스만의 강점이다. 서울시에서 제공하는 따릉이와 같은 자전거를 타더라도 우리는 아무 곳에나 자전거를 세워 반납할 수 없고, 반드시 지정된 거치대 중 하나를 골라서 세워 둬야만 반납이 가능하다. 이러한 편리함 덕분에 전동 킥보드는 빼놓을 수 없는 교통 보조 수단으로 자리 잡았다. 서울에서는 이미 2019년부터 10여 개의 업체가 1만 대 안팎의 전동 킥보드를 대여용으로 운영해 라스트 마일 모빌리티 공유 서비스를 제공하고 있다. 세계적인 컨설팅 기업인 매킨지는 미국과 유럽, 그리고 중국에서 공유 라스트 마일 모빌리티 시장이 2030년 5000억 달러(약 608조 원)까지 확대할 것으로 전망했다(박시진, 2019).

이처럼 편리한 전동 킥보드의 사용성은 반대로 전동 킥보드를 관리하는 기업 입장에서는 운영상의 어려움을 불러온다. 여러 장소에 흩어져 있는 전동킥보드는 누군가가 수거해 모아 오지 않으면 계속 방치되다가 방전될 가능성이 크다. 또한 이전 사용자가 사용을 마치고 세워둔 전동 킥보드를 다음 사용자가 사용하기 위해서는 충분한 수준의 배터리 충전이 이루어져야 한다. 따라서 전동 킥보드가 원활히 사용되기 위해서는 다음 사용자가 사용할 수 있는 위치에 있고, 충분한 양의 충전이 이루어져야 한다는 두 가지 조건을 모두 만족해야 한다.

초기에 도입된 전동 스쿠터들은 이 조건들을 만족하기 위해 트럭에 실어서 옮겨야 했으며, 배터리 충전을 위해서는 스쿠터를 트럭을 통해 충전 시설로 옮겨야만 했다. 특히, 후자는 비용과 시간이 매우 크게 소요되는 작업이었다. 다행히 최근에는 스쿠터의 배터리 팩이 분리가 가능하도록 설계되어 배터리 팩만 분리해 따로 충전할 수 있다. 또한 충전을 완료한 배터리 팩을 가지고 있다면 방전된 배터리 팩과 바로 교환하는 것도 가능해졌다. 따라서 적어도 배터리 충전을 위해서 전동 스쿠터를 옮길 필요는 없어져 많은 수고를 덜게 되었고, 배터리 팩을 교환하는 경우 충전에 걸리는 시간도 몇 분에 이르도록 줄일 수 있었다.

하지만 여전히 트럭을 통한 전동 스쿠터의 운송은 필요하다. 왜냐하면 고객이 사용을 마친 곳에서 매번 다른 고객이 사용을 이어 가기 어렵기 때문이다. 실제로 전동 스쿠터의 이용을 보면 지하철역이나 버스 정류장 주변에서 집까지 이용하는 경우가 대부분이므로 전동 스쿠터의 수요는 주로 역이나 정류장 근처에서 발생하는 반면, 전동 스쿠터들의 반납은 주로 골목이나 집 근처에서 이루어진다. 물론, 여기서 다른 사용자들이 다시 지하철이나 버스 정류장으로 이동하면 좋지만, 각 사용자들의 주요 이용 시간대가 다르기 때문에 여전히 전동 스쿠터들을 주기적으로 이동해 수요와 공급이 원활하도록 맞추는 것이 필요하다.

전동 킥보드 운영을 위한 AI 기술의 발전

만약 작은 대수의 전동 킥보드를 운영하는 회사라면 한두 명의 직원으로 킥보드의 수거와 배터리의 충전을 쉽게 할 수도 있겠지만, 전동 킥보드의 대수가 수백 대 이상인 일반 기업들은 이러한 방식으로 운영할 수 없다. 수많은 전동 킥보드가 소비자가 원하는 위치에 있도록 옮겨 주고, 끊임없이 충전 상태를 점검해 원하는 거리를 이동할 수 있도록 준비하는 업무는 상당히 복잡한 문제다. 시장에서는 보다 효율적으로 전동 킥보드를 운영해 원하는 위치에 저렴하게 준비하는 기업이 경쟁력을 가질 수밖에 없다. 이를 위해 대부분의 기업은 데이터를 기반으로 한 전동 킥보드 운영 최적화 기법들을 도입하고 있다. 일례로 국내 최초로 전동 킥보드 공유 서비스를 제공한 킥고잉은 2020년을 기점으로 3~4개월 연속 흑자를 달성했는데, 이는 서울 및 수도권 지역에 흩어져 있는 1만3000여 대의 전동 킥보드를 효율적으로 운영할 수 있었기 때문이다(엄지용, 2021).

소비자의 사용 패턴을 파악해 적용한 데이터 기반의 운영 최적화는 보다 많은 소비자들이 서비스를 이용할 수 있게 할 뿐만 아니라, 이러한 서비스가 가격 경쟁력을 가지고 기업에도 이윤을 가져다주는 지속 가능한 비즈니스 모델이 되도록 만들어 준다. 이러한 운영 최적화 기법을 위해 체계적인 수리적 모형과 함께 데이터를 포함한 복잡한 모형의 최적해를 찾는 방법들이 개발되고 있으며, 필자의 연구 팀에서도 다수의 전동 스쿠터를 고객의 다양한 수요에 따라 장소를 재배치하고 배터리 교체를 최적화하는 방법을 발표했다(Lee, et al., 2024).

최근에는 특히 강화 학습 등을 사용해 복잡한 문제에서 쉽게 찾을 수 없는 최적 운영 패턴을 인공지능을 통해 학습하도록 하는 시도들도 많이 이루어지고 있다. 이러한 연구는 특히 전동 스쿠터의 운영상 어려움 중 하나인 스쿠터 재배치도 고려할 수 있다. 많은 전동 스쿠터들은 자동차가 가기 어려운 골목길에도 활용되기 때문에 차량을 이용한 수거에는 한계가 있다. 따라서 스쿠터 사용자들이 자발적으로 다른 장소로 스쿠터를 이용하고 옮기도록 유도하는 방식도 활발히 연구되고 있다(Kim & Moon, 2024). 이러한 방식이 원활히 활용되기 위해서는 소비자가 기업이 원하는 장소로 전동 스쿠터를 타고 이동해 옮겨 줄 때 비용을 할인해 주거나 아니면 아예 수당을 지급하는 방식을 도입해야 한다. 두 가지 모두 적절한 수준의 비용 할인이나 수당을 지급해야 기업의 이익을 보장하면서도 사용자들도 참여가 가능하기 때문에 현재도 적절한 할인 수준 및 수당 설정을 위한 연구들이 이루어지고 있다.

전동 스쿠터는 단순히 소비자의 이동뿐 아니라 물류

시스템의 최종 전달 단계에서도 이용이 확장될 수 있으며, 음식 배송 등에도 활용되어 도심 물류의 마지막 단계를 담당할 수 있을 것으로도 기대된다. 이를 위해서는 전동 스쿠터에 화물을 실을 수 있도록 구조적인 개선이 필요하다. 또한 다수의 전동 스쿠터를 효율적으로 운영하는 AI 기술도 구현되어야 한다. 하지만 AI 기술의 핵심인 학습이 이루어져 좋은 의사 결정을 수행하려면 항상 그렇듯 많은 양의 데이터를 확보해야만 한다. 즉, 고객들이 주로 어느 장소에서 탑승하며 어디서 반납하는지, 각 시간대별로 사용량은 어떻게 달라지는지, 그리고 각 지형 조건에 따라 배터리 소모는 어떻게 달라지는지 등 AI 기술이 전동 스쿠터를 운영하기 위해 학습해야 하는 요소들은 상당히 많고도 다양하다. 따라서 고객의 스쿠터 사용 기록들이 많이 모일수록 AI 기술의 예측력을 높일 수 있다.

아직 전동 스쿠터 산업에서는 절대적 강자 또는 시장 지배자가 정해졌다고 하기 어렵다. 따라서 고객 데이터도 한곳에 모여 있다고 말하기 힘들다. 향후 어떤 기업이 고객의 사용 패턴을 더 많이 확보하고 AI 기술을 통해 학습해 더욱 효율적인 서비스를 제공하면서 시장을 장악해 나갈지 지켜보는 것도 무척 흥미로울 것으로 기대된다.

또 하나 미래에 주목할 점은 아직은 1인 승객 이동에 국한된 전동 스쿠터가 어떻게 물류 서비스 기능을 강화할 것인가다. 예를 들어, 음식 배달이나 간단한 택배 배송 서비스를 할 수 있도록 적재 공간을 결합하거나 여행 가방 등 보다 무거운 화물을 같이 옮길 수 있게 설계한 전동 스쿠터가 출현한다면, 단순히 짧은 거리의 이동뿐 아니라 화물 운송에 특화한 전동 스쿠터 공유 서비스가 출현할 수도 있다. 이런 경우 지하철이나 버스 정류장에서 마지막 집까지의 라스트 마일에 대한 새로운 물류 서비스로 전동 스쿠터의 기능이 확장될 수도 있을 것이다.

참고문헌

박시진(2019.10.11). 아이들 장난감서 직장인 '애마'로...킥보드가 만드는 도시풍경. ≪서울경제≫, https://www.sedaily.com/NewsView/1VPHCW29PP

엄지용(2021.3.6). 킥고잉이 공유 전동킥보드로 '흑자'를 만들 수 있었던 이유. 바이라인 네트워크, https://byline.network/2021/03/06-40/

Kim, Minjeong & Moon, Ilkyeong(2024). Spatio-temporal task pricing for shared electric micro-mobility battery-swapping platform with reinforcement learning, *International Journal of Producion Research*. https://www.tandfonline.com/doi/abs/10.1080/00207543.2024.2379561

Lee, Ga Eun., et al.(2024). Battery swapping, vehicle rebalancing, and staff routing for electric scooter sharing systems. *Transportation Research Part E*, https://www.sciencedirect.com/science/article/abs/pii/S1366554524001315?via%3Dihub

박건수

서울대학교 산업공학과 교수로 재직하고 있으며, 서울대학교 AI연구소 산하 물류AI선도혁신연구센터장을 지냈다. 주요 연구 분야는 물류 및 공급망 최적화, 물류 및 공급망 AI 응용 등이다. 서울대학교 산업공학과를 졸업하고, 미국 컬럼비아대학(Columbia University)에서 경영과학(operations research) 분야로 박사 학위를 받았다. 한국생산관리학회 부회장, 한국경영과학회 이사, 한국 SCM학회 공동편집위원장 등을 역임했다. 저서로는 『공급사슬관리』(2018)가 있다. *Production and Operations Management* 등 국내외 저명 학술지에 다수의 논문을 게재해 왔으며, 산업통상자원부 등 정부 부처와 삼성전자, SK하이닉스, LGCNS, 삼성SDS, 아모레퍼시픽 등의 기업체들과, 한국개발연구원(KDI), 한국해양수산개발원(KMI) 등의 정부 출연 연구 기관들을 위해 다수의 특강을 진행하거나 연구 과제들을 수행하고 있다.